智元微库
OPEN MIND

成 长 也 是 一 种 美 好

学法

稻盛和夫

经营学入门指南

赵君豪 ◎ 著

人民邮电出版社

北京

图书在版编目（ＣＩＰ）数据

学法：稻盛和夫经营学入门指南 / 赵君豪著. --
北京：人民邮电出版社，2022.9
ISBN 978-7-115-59887-5

Ⅰ．①学… Ⅱ．①赵… Ⅲ．①企业经验管理－经验－
日本－现代 Ⅳ．①F279.313.3

中国版本图书馆CIP数据核字(2022)第147491号

◆ 著　赵君豪
责任编辑　王铎霖
责任印制　周昇亮
◆ 人民邮电出版社出版发行　　北京市丰台区成寿寺路 11 号
邮编　100164　电子邮件　315@ptpress.com.cn
网址　https://www.ptpress.com.cn
天津千鹤文化传播有限公司印刷
◆ 开本：880×1230　1/32
印张：7.5　　　　　　　　2022 年 9 月第 1 版
字数：200 千字　　　　　　2025 年 4 月天津第 16 次印刷

定价：59.00 元
读者服务热线：（010）67630125　印装质量热线：（010）81055316
反盗版热线：（010）81055315

推荐序

从管理科学到经营哲学

稻盛和夫先生虽然出身是科学家，在精密陶瓷领域有许多划时代的发明创造，曾被誉为"创造了又一个新石器时代"，同时，他又以自己发明的新技术、新材料、新产品为基础创办企业，成了举世闻名的企业家，但是我认为，更重要、更本质的是，稻盛先生还是一位哲学家，并且他不是一般的哲学家，而是一位彻底追求正确思考和正确行动的利他的哲学家。

"经营为什么需要哲学"这个命题，稻盛先生讲了几十年。我们知道，历来的商学院不讲哲学，哲学院不讲商学。把形而下的"经营"与形而上的"哲学"完美结合，把"商"和"道"完美结合，并在实践中彻底贯彻实行，这是稻盛先生的伟大创造。稻盛先生利他的经营哲学具备普遍的正确性和适用性，弥补了西方管理科学的不足。

野中郁次郎先生是日本管理学的权威,是将美国的 MBA 引入日本的先驱。后来,他又当上了日本立命馆大学"稻盛和夫经营哲学研究中心"的顾问。在与稻盛先生的一次对话中,野中先生说,我们从事 MBA 教育的人应该反省,经营者必须具备正确且明确的经营哲学。他说:"我在企业里工作了 9 年之后,去美国学习经营学,取得了学位。美国的经营是把经营作为一门科学、一门学问、一种技巧来教的,典型就是 MBA 这一经营学的硕士课程。这一课程传授的是将事物、产品和市场加以细分,将工作包括人的动作、生产的流程加以细分,用科学的手法加以分析。但是,从这种手法中,分析不出'稻盛先生所说的人生观、人生态度乃至人生目的''企业家为什么要创办企业,企业的使命何在''正确是什么,善良是什么,美好是什么'这种根本性的道理,老师不教,学生也没有学习的机会。而企业各种作假和舞弊的丑闻的根源就在于经营者只是用技巧手法来经营企业,让管控企业停留在专业技术的层面上。他们缺乏价值观、信念、哲学层面上的思考,他们不思考'人为什么要活着'这样一个人生最基本的问题。"

《学法》的作者是一位企业经营者,现在还担任着稻盛和夫(北京)管理顾问有限公司的总经理。《学法》一书对稻盛先生的人生哲学、经营哲学和经营实学进行了条分缕析的梳理。因为这是作者自己学习、实践、传播稻盛哲学的心血的结晶,加上作者不仅公而忘私,而且是一位难得的、善于进行综合系统思考的企业经营者,所以这本书既接地气又有理论高度,娓娓道来,朴实生动。另外,作者的口才甚佳,他的演讲受到盛和塾企业经营者们广泛的欢迎和好评。

稻盛先生说:"日本向中国学习了一千年,而且中国的圣贤是从根本的
为人之道上教我们的。我要把中国圣贤的教诲在企业经营中的心得体会
如实地传授给中国的企业家,让他们少走弯路。"

而《学法》如实接受了稻盛先生传授的思想精华,并结合中国企业的现
实情况,做了很好的阐述和发挥,我边读边记录,受益良多。

企业家的使命是通过创造经济繁荣促进人类社会的和平与幸福。而要做
到这一点,"商"背后的"道",即企业经营背后的利他哲学是关键中的
关键。

我相信,本书不仅对于热心学习稻盛经营哲学的企业家有益,而且迟早
将作为重要的学习资料,进入商学院或经管学院。只讲西方的管理科
学,不讲东方的经营哲学,正如野中先生所说,企业各种作假和舞弊的
行为必将层出不穷,我们应该认真反省的时候到了。

曹岫云

2022 年 8 月 25 日

前言

稻盛和夫的经营理念自20世纪90年代被引入中国以来，以《活法》《干法》《心：稻盛和夫的一生嘱托》《阿米巴经营》为代表的，介绍稻盛和夫经营理念和经营手法的各类图书已达100多种，基本涵盖了稻盛和夫全部的经营思想，这些图书现已成为中国企业经营者学习稻盛和夫经营学的重要依据。

稻盛和夫为了更好地帮助经营者，将自己的经营秘诀和独有的经营手法通过演讲、经营问答和系列著述等形式倾囊相授。对日本盛和塾塾员来说，有更多的机会和稻盛和夫近距离地交流和沟通，请稻盛和夫解答经营中遇到的困惑和难题，但是对中国盛和塾塾员以及在中国学习稻盛和夫经营学的经营者来说，却很少有向稻盛和夫当面请教的机会，只能通过他的各种作品来学习。稻盛和夫著作等身，系列图书种类众多，大多经营者不免难于把握其中的重点和脉络。

在中国，自第一家分塾无锡盛和塾成立已经过了15个年头，在不断探索中学习，在持续实践中体悟，我们已经能够逐渐看清稻盛和夫经营学的全貌，并系统地梳理出稻盛和夫经营学学习成长路径和学习中应当遵循的原理原则。2017 年，在中国各地盛和塾的共同努力下，稻盛和夫经营学教学体系 1.0 版出台；2020 年，在各地盛和塾实践应用了 3 年的基础上，稻盛和夫经营学教学体系经总结升级到 2.0 版。

2021 年是稻盛和夫经营学教学体系升级到 2.0 版后，在全国盛和塾体系内全面导入的一年。2021 年，依据稻盛和夫经营学教学体系 2.0 版和个人的实践总结，我在全国各分塾向大家详细解读如何系统学习稻盛和夫经营学，得到了各地塾员的积极反馈，有的塾员甚至激动地说："系统了解稻盛和夫经营学体系之后，有醍醐灌顶的感觉，就像打通了任督二脉，从此学习稻盛和夫经营学再无疑惑。"我也特别欣喜地看到各地盛和塾都行动起来，开展了稻盛和夫经营学教学体系 2.0 版的持续宣传贯彻工作。

2021 年，在各地盛和塾讲解稻盛和夫经营学教学体系 2.0 版的过程中，许多分塾都希望我能够把讲解的内容录成视频、梳理成文字，以方便塾员长期、系统地学习，但出于个人原因，我一直不敢应允。2021 年年底，在人民邮电出版社缪永合老师的建议下，并在曹岫云老师的鼓励下，我终于下定决心把稻盛和夫经营学教学体系 2.0 版解读内容梳理成文字稿，供大家学习参考。

本书共分为七章。其中，第一章主要介绍稻盛和夫经营学的三个组成部分，人生哲学、经营哲学和经营实学所包含的主要理念、观点和阿米巴经营模式的要点，以及支撑稻盛和夫经营学的基石和核心理论，并提出了"稻盛和夫经营学可学而至，人人皆可成'盛'"的论断。

第二章主要依据稻盛和夫经营学教学体系，重点围绕稻盛和夫经营学学习成长路径图展开了详细的解读。我在本章明确提出，学习成长路径图不仅可以帮助企业经营者在学习实践中少走弯路，用最短的时间实现企业高收益，迈向幸福人生的光明大道，而且可以帮助企业经营者实现自我诊断和自我调整。与此同时，我在本章通过成长路径图将稻盛和夫经营学三个部分之间的逻辑和因果关系做了系统的说明，提出了从明确人生的目的和意义这个原点出发，向前、向上找方向、找动力，向后、向下找原因、找发心的具体应用方法。

第三至五章主要围绕人生哲学、经营哲学、经营实学这三个部分修习和实践的路径做了详细解读，对照成长路径图中坚信、笃行和实证，对每一部分、每个关键节点，如何理解、如何学习、如何实践都给予了具体说明。

第三章指出了稻盛和夫提高心性的三个关键，提出了日读书、日反省和日静心的修心三要诀，以此推动从"明确人生的目的和意义"到"每天进步一点点"再到"持续净化心灵"的螺旋式上升的学习路径。

第四章重点论述了稻盛和夫提出的关于企业大义名分（即使命的力量）的重要性，并提出了"使命即方向、使命即战略"的论述，同时结合塾员企业经营哲学落地的成功案例，给出了在企业中开展哲学共有、哲学血肉化的具体的实操方法，供大家参考。

第五章重点论述了稻盛和夫关于企业开展数字化经营的重要性和必要性，提供了开展数字化经营和在企业中实现阿米巴经营的具体方法，并提出了"任何企业都可以通过导入阿米巴经营模式实现企业高收益"的论断。

第六章主要论述了学习、实践稻盛和夫经营学时需要把握的四大学习原则和六种方法、学习教材的选择，以及每一部分推荐的必读书、必看视频、选修课程以及回到企业具体落地践行的关键方法；与此同时，我给大家提供了一套完整的测评系统。通过测评表，企业经营者既可以检验落地践行的成果，又可以对照指导落地践行。

第七章着重论述了稻盛和夫经营学与经营之力的关系，总结性地提出了学习和实践稻盛和夫经营学就是认识规律、按规律办事的过程。只要按规律办事，一定会在经营上取得成功。

关于学习，《礼记·中庸》有"博学之，审问之，慎思之，明辨之，笃行之"的论述，意思是要博学多才，就要对学问详细地询问，彻底搞懂，要慎重地思考，要明白地辨别，关键是要身体力行。不管学习书本知识还是某种技能，都必须经过反复训练才能掌握。

稻盛和夫经营学学习的关键同样在于笃行，本书是以稻盛和夫经营学学习成长路径为核心展开的，稻盛和夫经营学体系中每一部分的学习、成长都是通过坚信、笃行和实证实现螺旋式上升的进步。阅读本书，重点在于笃行，在于经营者要率先垂范，"每天进步一点点"，同时，带领全体员工共同实践哲学，"开展哲学共有"，并且把数字化经营落实到"开展阿米巴经营"中。稻盛和夫经营学从实践中来，因此，学好稻盛和夫经营学，就要回到实践中去，在相信并理解的基础上坚持力行，最终一定会取得人生、事业的丰硕成果。

稻盛和夫经营学教学体系是中国盛和塾全体塾员智慧的结晶，是中国盛和塾 15 年学习、践行稻盛和夫经营学成功经验的总结。本书能够顺利出版，首先要感谢曹岫云老师将稻盛和夫经营学引入中国，并一直不遗余力地为稻盛和夫经营学在中国的传播和实践做巨大贡献；其次要感谢全国各分塾理事长、事务局伙伴的大力支持，感谢稻盛和夫（北京）管理顾问有限公司全体伙伴的大力支持，感谢盛和商学的峻德老师、明德老师，感谢青岛大学葛树荣教授，感谢洪伟老师、吴群老师；感谢出版发行稻盛和夫系列图书的各出版社的各位领导；特别感谢为稻盛和夫经营学教学体系 2.0 版升级工作做出贡献的宁波盛和塾理事长、浙江中兴精密的董事长张忠良先生，感谢人民邮电出版社缪永合老师的盛情邀约以及各位编辑老师的指导和帮助，感谢过立门老师、曹岫云老师对本书提供的宝贵意见。如能对大家学习稻盛和夫经营学带来一点帮助，我将深感荣幸，希望大家都能度过更加幸福美好的人生。

赵君豪

2022 年 8 月 10 日晨于沈阳

目　录

稻盛和夫经营学的基本内涵

为什么学习稻盛和夫经营学

● 巨大的成功典范

稻盛和夫一生创办了两家世界 500 强企业、拯救了一家世界 500 强企业,他的经营理念正被越来越多的中国企业家重视,其相关图书的销量已突破 1500 万册,且数量还在增长;其面向企业家的学习平台——盛和塾,自 1983 年成立,已经吸引了来自中国、美国、日本、韩国、新加坡、马来西亚、巴西等国家和地区超过 1 万名企业经营者加入。

为什么他的理念如此受人追捧且经久不衰?

有人认为,这是因为他的经营思想源自中国优秀的传统文化,并与东亚文化相契合;也有人认为,这要归结于他发明的经营利器阿米巴经营模式……在我看来,这些原因都不够充分。

人们在创业时都怀着美好的愿望和梦想,但现实的残酷往往令经营者焦头烂额、心力交瘁。哪怕开始时"一帆风顺",走着走着也迷失了方向,甚至直接走进黑暗。稻盛和夫(北京)管理顾问有限公司董事长曹岫云先生在《稻盛和夫的成功方程式:日航迅速起死回生的秘诀》一书中写道：

（稻盛和夫先生是）通过光明大道获得巨大成功的典范，是纯粹的理想
主义和彻底的现实主义优美结合的典范，这样的典范对中国的企业家、
各行各业的领导、渴望成功的有识之士，乃至一切有志于追求人生真理
的年轻人，都具有莫大的、难以估量的参考价值。

　　也许这才是出现"稻盛热"的根本原因：稻盛和夫纯粹利他
的经营思想与许多经营者内心的良知产生了共鸣，而他成功的
经历又极大地鼓舞了广大经营者，让大家看到了希望，增强了信
心。这就是榜样的力量。

● 人人皆可成"盛"

　　与"稻盛热"相伴的还有一种现象：一些经营者一方面认同
稻盛和夫的经营理念，另一方面又认为自己不具备借此成功的条
件。他们觉得与稻盛先生相比，无论自身的能力还是所经营的企
业的规模都相差太远，且具体的经营环境也不一样，稻盛和夫的
成功很难复制。

　　其实，如果深入了解稻盛和夫的成长背景和创业经历，就会
发现他的成功绝非遥不可及，他的方法也绝非只适用于个别人，
正相反，人人皆可成"盛"。

稻盛和夫出生在日本南部的鹿儿岛，他后来经常自嘲是"乡巴佬"。他家境一般，在七个兄弟姐妹中排行老二。

小学时，他得了在当时被称为不治之症的肺结核。好心的邻居大婶送给正在养病的他一本书——《生命的实相》。这本书让他明白："我们的心就像吸铁石，一切好的和不好的现象都被我们的心吸引而来，所谓'心不唤物物不至'，就是这个道理。"

小学升初中的考试，稻盛和夫考了两次都没有考上心仪的鹿儿岛一中，高中考大学时，他特别希望考上大阪大学医学部，也没有考上，不得已上了刚刚成立的地方大学——鹿儿岛大学。待他大学毕业时，正值第二次世界大战结束不久，日本社会风气混乱，经济低迷。当时最吸引年轻人的是日本大型国有企业，稻盛和夫非常希望能入职日本帝国石油公司（Inpex Corp），可由于没有任何社会关系、家庭背景以及相关工作经验，他投了多次简历，收到的都是不予录取的通知。

稻盛和夫一度情绪非常低落，甚至产生了要加入黑社会的念头，幸运的是，经一位好心的大学老师介绍，他被京都的一家生产陶瓷绝缘瓷瓶的公司"松风工业"录用。

在家人们的欢送下，满怀憧憬的稻盛和夫登上了开往京都的火车。但入职松风工业后的情景令他大失所望：破败的工厂、严重对立的劳资关系、经常拖欠的工资……没多久，与他一同报到的其他5名大学毕业生纷纷辞职而去。稻盛和夫不得已留在松风工业从事新型陶瓷的研发和生产。

3年后，由于不满新任技术主管对自己能力的质疑和对自己工作的指责，稻盛和夫愤然辞职。之后，他在一家借来的工厂仓库里，和曾经的 7 名同事与新招聘来的 20 名初中毕业生，成立了京都陶瓷株式会社。成立之初，京都陶瓷株式会社一共只有 28 人。

很多年后，稻盛和夫自嘲，那时的京都陶瓷株式会社就是破锅配破盖。就是这样一个平平无奇的街道工厂，却在短短 20 多年里逐步成长为新型精密陶瓷行业的世界第一，世界 500 强企业。稻盛和夫也成了人人敬仰的人生之师、经营之圣。

大多数企业经营者，无论人生经历还是创业历程，都要比创立京瓷时的稻盛和夫顺利得多，只要愿意努力，都可以成为像稻盛和夫一样的人，人人皆可成"盛"。

● "迷忙"中的航标

有的经营者会说："为了企业，我也很努力，我像稻盛先生一样'付出不亚于任何人的努力'，不断地学习各种管理方法，为什么我的企业就是发展不起来，甚至还要为了生存而苦苦挣扎？"

有的经营者正好相反，他们创办企业的目的是让自己有钱有闲，他们既渴望像稻盛先生一样成功，又不希望自己太辛苦，到底该怎么做？

当下一些中小企业经营者，都能用"忙、盲、茫"来概括他们的真实现状。我们到底是"为谁辛苦为谁忙"呢？

近年来，国家鼓励"大众创业、万众创新"，许多人认为只要经商办企业就一定能挣钱，于是每天都有大量企业注册成立，但同时每天也有大量的企业注销倒闭。

我们总认为成功的前提是超前的商业模式、高屋建瓴的战略、有战斗力的团队、丰富的商业资源、充足的资本等，但我们同时注意到，拥有同样的商业模式，有的人能成功，有的人却不能。

那么，商业模式是企业获得成功的根本原因吗？

有的人感叹："经营企业就像在赌场上掷骰子，谁也不知道自己当下努力研发的新产品能不能在市场上获得成功，精心准备的项目方案能不能中标，谁也无法准确地预判经营的结果。"我们以为自己每天辛苦忙碌是在朝自己想要的目标前进，事实上，我们的努力往往和我们想要的结果背道而驰，为什么？因为我们每天都在颠倒梦想中"迷忙"。

经营者如何才能不再"迷忙"？经营企业如何才能不像是在玩掷骰子游戏？什么才是企业真正的成功之道？成功经营企业有没有可复制的方法？答案是"有"。

从某种角度讲，稻盛和夫的经营方法就是接近百分百成功的典范，他不仅亲手创办了两家世界 500 强企业、拯救了一家世界 500 强企业，还在 60 多年的经营生涯中挽救了许多濒临破产的中小企业。当经营者向稻盛和夫寻求帮助时，他从来不会因为对方的产品、技术是否与自己企业的业务有关或者是否在自己企业的技术延长线上而纠结，而是果断出手。只要他一接手，这家企业很快就能转危为安，拥有高收益。为什么？因为他真正明白了企业经营成功的真相。

稻盛和夫经营学核心理论

● 人生方程式

企业经营成功的真相在哪里呢？答案就在稻盛和夫总结的人生方程式里：

人生·工作的结果 = 思维方式 × 热情（努力）× 能力

　　　　　　　　-100~100　　0~100　　0~100

人生方程式也是稻盛和夫经营学的核心理论。将稻盛和夫经营学引入中国的曹岫云先生于 2001 年 10 月 28 日在天津举办的第一届中日企业经营哲学研讨会上，听了稻盛和夫发表的演讲《经营为什么需要哲学》，第一次知道了这个人生方程式，他感慨道："到今天我才知道成功原来是有方程式的。"之后，他便萌生了要在中国推广、传播稻盛和夫经营学，让更多的中国企业经营者学到经营真谛的念头。

稻盛和夫年轻时就成就了了不起的事业，当时在京都，很多年轻企业家都向他请教成功的秘诀，希望知道有没有一种方法，使大多数只具备中等能力的人也能取得伟大的成就。

稻盛和夫通过切身的经验，用人生方程式做出了回答。

人生方程式包含三个要素，也可称它们为"成功三要素"，即思维方式、热情（努力）和能力。稻盛和夫说，在这三要素中，热情（努力）和能力的分值都在 0～100 分之间。也就是说，你可以是一个能力一般的人，也可以是一个不愿意努力、甘愿待在舒适区的人，大不了度过一段平庸的人生。但思维方式的分值却在 -100～100 分之间，它既有巨大的向上拉动力，也有巨大的向下破坏力，就好比"一念天堂，一念地狱"。

经营就像在茫茫大海上孤独前行，充满了未知和风险。企业经营者都期望能未卜先知，甚至会四处探寻高人指点迷津，而有了人生方程式，只要将自己当下的人生、经营的状况代入其左侧，再对照右侧的三要素，就能明白造成自己当下境遇的主要原因，同样也能看清要改变现状所需要的努力方向。

如果说稻盛和夫在新型陶瓷领域开创了又一个"新石器时代"，那么他总结出的人生方程式可以说是"道破天机"，为迷茫和困惑中的经营者点亮了一盏明灯，指向了一条光明大道。稻盛和夫经营学体系的全部内容就是围绕成功三要素展开的。

● 判断的基准

在人生方程式的成功三要素中，思维方式是核心。为什么呢？

稻盛和夫说："在生活和经营中，我们需要做出各种各样的判断。这时就会对照自己持有的思维方式和思想进行判断。作为判断基准的思维方式及思想正确与否，卓越与否，结果将大相径庭。"

企业经营者每天都要做各种各样的决策和判断，正确的决策和判断指向成功，错误的决策和判断导致失败。稻盛和夫在《活法》一书中写道："人生就是判断的积累和决断的连续。"

既然判断如此重要，如何才能获得百分百正确的判断呢？

稻盛和夫说："所谓判断就是将问题与自己心中的那把尺子相对照，然后做出决定。"遗憾的是，有的人找不到心中的这把"尺子"，所以只能借助常识、先例、习惯或者他人的建议，代替自己做判断。

稻盛和夫之所以能够不断地获得成功，是因为创办京瓷没多久，他就为自己心中的"尺子"找到了不变的判断基准。

创办京瓷后，技术员出身的稻盛和夫每天都要面对五花八门的经营难题、各种各样的请示汇报。没有任何企业管理经验的他在苦苦思索后，突然想起小时候父母、师长不断告诫他的话："做人要正直、诚实、守信、不撒谎、不欺骗、不给别人添麻烦。"顿时就像一道闪电划破漆黑的夜空，"作为人，何谓正确"突然浮现在他的脑海中。

"就是它了，就用每个人与生俱来的良知作为一切判断的基准，不就行了吗！"这是稻盛和夫人生中最重要的一次顿悟。

"作为人，何谓正确"是稻盛和夫经营学的核心和原点。

● **两把判断的标尺**

有了"作为人,何谓正确"作为人生事业的判断基准,我们又要如何将它应用于纷繁复杂的企业经营判断中呢?企业经营者面对的复杂情形与问题,如图 0-1 所示。

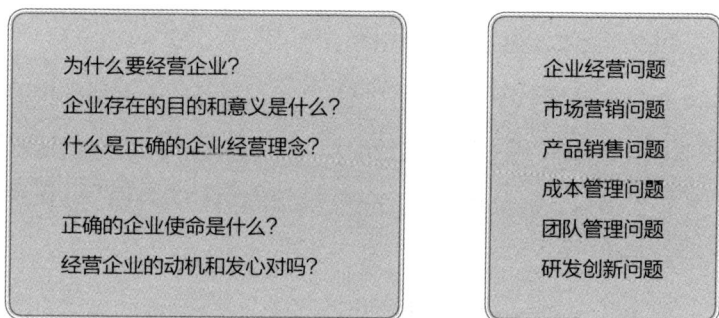

为什么要经营企业?
企业存在的目的和意义是什么?
什么是正确的企业经营理念?

正确的企业使命是什么?
经营企业的动机和发心对吗?

企业经营问题
市场营销问题
产品销售问题
成本管理问题
团队管理问题
研发创新问题

图 0-1 企业经营者面对的复杂情形与问题

作为企业,何谓正确?纵观人类社会的发展,从原始人的茹毛饮血到农耕渔猎的出现,从自给自足到如今丰富的物质与精神生活……正是人们对美好生活的不断追求,推动了人类的发展,催生出各行各业。

由此我们不难发现,任何一个行业产生的本质都是满足需求,即"利他",甚至可以说"利他"才是商业的本质。稻盛和夫在《活法》中曾说:"利他本来就是经商的原点。"因此,企业经营中"利他"与否是我们看破经营的复杂现象,判断一个企业的经营理念、方针、战略、方向是否正确的根本依据。

作为企业，何谓正确？利他与否，这是稻盛和夫交给经营者的一把"道德的标尺"。稻盛和夫又说：

我经常谈及形而上学及精神领域的内容，可一旦涉及公司经营、业务活动及研究开发，却不能容忍任何违背科学理性的言论。企业活动的所有问题，都必须通过严谨而理性的逻辑来证明。如果不能证明，便无从解决。

一旦涉及工作和研究领域，我便是个彻头彻尾的理性主义者，绝对不能容忍所谓的"不可思议现象"。

——摘自《京瓷哲学：人生与经营的原点》

企业经营依靠的是冷静和理性的判断，而判断的依据是企业经营中的各项数字。为了看清企业经营的实况，避免在经营决策和判断上出现错误，就要用细分、及时、准确且正确的经营"数字"，作为企业在开展经营、业务活动及研究开发中分析、判断的依据。作为企业，何谓正确？用数字经营企业，这是稻盛和夫交给经营者的另一把尺子，即"科学的标尺"。

科学的标尺是"数字"，道德的标尺是"利他"。两把尺子一显一隐，本质都是"作为人，何谓正确"这一判断基准在商业活动中的具体应用和显现。有了它们，在企业经营过程中，我们就不再以利害得失而是以是非善恶、不再以感觉和经验而是以数字和核算表作为企业经营中一切判断与行动的依据。

在此基石上，稻盛和夫经营学体系由三个重要部分组成。

第一章

稻盛和夫经营学的三大部分

人生哲学

● 人生事业的原点

每个人都希望自己生活美好、事业顺利、幸福常伴，可现实总是"不如意事常八九"，即使拥有了幸福，也有人感叹"幸福总是那么短暂"，生活总是不断地在相似的痛苦中"循环"。

如何才能拥有持续的美好和幸福呢？稻盛和夫总结了自己的经验和体会，在收官之作《心：稻盛和夫的一生嘱托》中告诉我们：

一切始于心，终于心。

在《活法》一书中，他写道：

你心中描绘怎样的蓝图，决定了你将度过怎样的人生……大多数人的人生就是他自己常在心中描绘的那种境况。

他在《京瓷哲学：人生与经营的原点》的开篇中写道：

如果一个人的心灵污浊，那么他的人生道路就会变得崎岖不平，因此必
然会跌倒。而如果一个人心灵清澈，则他的人生道路会变得平顺，因此
定能度过幸福安定的一生。

这些道理同样适用于企业经营，如果经营者心灵清澈，则企
业经营状况便会顺利且稳定。心灵塑造现实，心灵驱动现实。由
此可见，心灵是否纯净、是否美好才是我们的人生是否幸福、事
业是否顺利的根本原因。在稻盛和夫看来，人生的目的和意义就
是持续不断地提高心性，除此之外别无意义。

让心灵更加纯净、更加美好的过程就是不断提高心性的过
程。用稻盛和夫的话说就是"一心向善"，时刻秉持"爱、真诚、
和谐"之心，为世人、为社会做贡献。利他之心是让一个人的人
生旅程和事业经营都迈入良性轨道的原动力，也是人生幸福、事
业成功的原点。

● 人生幸福的基本条件

从原点出发，如何一步一步实现人生幸福、迈向事业成

功呢？我们还需要具备什么条件呢？稻盛和夫在《六项精进》中说：

在我看来，"六项精进"是搞好企业经营所必需的最基本的条件，同时，它也是我们度过美好人生必须遵守的最基本条件。如果我们每天都能持续实践"六项精进"，我们的人生必将更加美好，美好的程度将超过我们自己的能力和想象。事实上，我的人生就是这样的。

如果你想拥有幸福、美好、平和的人生，如果你想把你的企业经营得有声有色，如果你想让你公司的员工幸福快乐，那么，你就忠实地实践"六项精进"吧。

　　在稻盛和夫看来，喜怒哀乐、悲欢离合的人生体验，就像砂纸一样磨砺着我们的心志，而"六项精进"正是帮助我们磨炼心性、提升心志最重要的手段，也是他从自己经营人生、事业的直接经验中所思考和感悟出来的，是他经营和生活实践的切身体会。

六项精进

1. 付出不亚于任何人的努力。

　　我们要努力钻研，比谁都刻苦，并且锲而不舍、持续不断、精益求精，有闲工夫发牢骚，不如前进一步，哪怕只是一寸，努力向上提升。

2. 要谦虚，不要骄傲。

"谦受益"是中国古话，意思是谦虚之心可以换来幸福，还能净化心灵。

3. 要每天反省。

我们每天要检查自己的思想和行为，是不是自私自利，有没有卑怯的举止，自我反省，有错即改。

4. 活着，就要感谢。

活着就已经是幸福，培育感恩之心，滴水之恩也不忘相报。

5. 积善行，思利他。

"积善之家必有余庆"，我们应该行善利他，言行之间留意关爱别人。真正为对方好才是大善。

6. 不要有感性的烦恼。

不要烦恼，不要焦躁，不要总是愤愤不平，人生本来就是波澜万丈，我们决不能被它们击垮，决不能逃避，让动摇的心镇定下来，正面面对，不忘初衷，努力做好该做的事。

正是通过日复一日地实践这六条，稻盛和夫最终获得了人生的幸福和事业的辉煌。

● 探寻宇宙生命的规律

稻盛和夫认为：

我们人类就居住在这样的宇宙之中。如果我们所抱的愿望，与将一切事物向好的方向引导的宇宙的想法相一致，就是说，当我们抱有关爱一切、祈愿一切都好的愿望时就是遵循了宇宙的意志，与宇宙的波长合拍，就能取得卓越的成就。

——摘自《稻盛和夫与中国文化》

◎ 稻盛和夫的宇宙观

稻盛和夫基于对宇宙大爆炸理论的深入思考以及对宇宙生成、进化和发展的研究，同时结合自己对大自然各类动植物生命状态的观察，逐渐体悟到：

宇宙中的一切事物都永不停歇地朝着更好的方向进化发展。有人说"宇宙中遍布爱"，也可以说宇宙中充满推动一切事物进化发展的"气"。

——摘自《心：稻盛和夫的一生嘱托》

在他看来：

宇宙从诞生到今天，在 137 亿年这样漫长的历史中，一刻不休地关爱一切事物，将它们向好的方向引导。孜孜不倦、不断付出，这就是宇宙。不妨说宇宙具备这样的意志，宇宙中充满了爱，宇宙具备关爱、培育万事万物的意志。

——摘自《稻盛和夫与中国文化》

他相信：

宇宙间有一种潮流，它让森罗万象、一切事物不是维持现状，而是朝着生成发展的方向不断运动，也就是促使一切事物不断进化。稻盛先生把这种潮流称为"宇宙的意志"或"宇宙的法则"。

——摘自《心法》

这就是稻盛先生的宇宙观。

◎ 稻盛和夫的生命观

稻盛和夫从年轻时起就开始思考生命的规律，希望看清生命的真相。

"心不唤物物不至"是他在幼年罹患肺结核时，读了邻居大婶送的《生命的实相》一书后获得的人生感悟。在他看来，人心的最深处，存在着被称为"灵魂"的东西，在人心的更深处，在可以被称为核心的部分，存在着"真我"，真我是心灵最为纯粹、最为美好的部分。

在"灵魂"的外侧，由内而外分别包裹着本能、感性和知性，如图 1-1 所示。

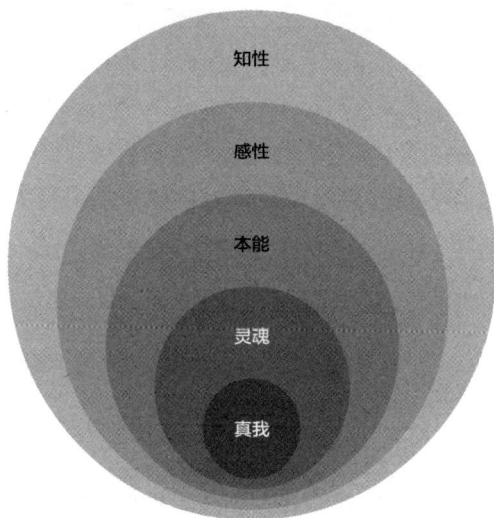

图 1-1　稻盛和夫所讲的心灵结构图

稻盛和夫认为"真我"和"宇宙的意志"是同一种东西。达成"真我"的过程就是持续纯化、净化心灵的过程，是不断地遵循"宇宙的意志"，以"爱、真诚、和谐"之心为社会、为世人做贡献的过程。

"真我"所发出的"利他之心"，拥有改变现实的力量，自然就能唤来好运，把事情引向成功。

——摘自《心：稻盛和夫的一生嘱托》

◎ **稻盛和夫的人生观**

宇宙观、生命观决定人生观，基于对宏观宇宙的生成、进化、发展规律的深刻洞察，以及对个体生命规律的探寻，稻盛和夫领悟到：

宇宙间森罗万象、一切事物，都是浩瀚宇宙生命的一部分，绝不是各自偶然的产物，不管哪一个个体都因宇宙需要而存在……所有的人都由上苍赋予了任务，都在演出各自的角色。

——摘自《活法》

宇宙的意志充满着爱、真诚以及和谐。所以我们每个人的思维所发出的能量与宇宙的意志是否协调，就决定了我们各自的命运。心中若能充满爱地度过每一天，那么他的思想就与"宇宙的意志"同步了，人生及经营便能拨云见日，一帆风顺。

——摘自《京瓷哲学：人生与经营的原点》

遵循这莫大的意志（爱），采取与之协调的思维方式和生活方式，比什么都重要。思善、行善本身，就是顺应和满足宇宙向善的意志，从这里产生好的结果，孕育出了不起的成果，那是理所当然。

——摘自《活法》

稻盛和夫相信，当我们能够以"爱、真诚、和谐"之心为社会、为世人做贡献的时候，即使是一个小小的善念、善言、善行，也会和宇宙的意志（爱）合一，同频共振，产生叠加、放大效应，推动我们的人生、事业越来越繁荣昌盛。我认为，这就是中国传统文化所倡导和追求的天人合一的境界。

反之，即使是一个小小的恶念、恶言、恶行，同样也会叠加放大，令我们的人生、事业走向衰亡。

至此，稻盛和夫的人生观变得清晰起来：

在我的一生中，在我经营企业的过程中，我要尽可能"思善、行善"，借此避免灾难，避免公司倒闭，避免员工沦落街头。

进一步讲，人生的目的和意义就是以"爱、真诚、和谐之心"为世人、为社会做贡献，从而度过幸福美好的人生，并且让自己的灵魂在走的时候比来的时候更纯洁一点，使自己的人生圆满。这样的人生观成为稻盛和夫不可动摇的坚定信念，也正是这样的人生观让他成为人人敬仰的人生之师、经营之圣。

经营哲学

● 经营为什么需要哲学

◎ 稻盛经营哲学的由来

有些经营者，创业之初是凭借激情和自信开展经营的，经营管理方面的知识储备几乎为零。他们创业的目的往往只有一个：多挣钱。

起初，企业规模小，员工少，管理起来游刃有余，随着经营规模的扩大，员工越来越多，部门也越来越多，一些经营者开始焦头烂额，常常搞得身心俱疲，甚至企业、家庭内外交困。于是，他们开始向外寻求解决问题的方法。这也促使各种成功学、管理学大行其道，它们似乎为经营者打开了一扇门，让他们以为自己找到了解决企业问题的灵丹妙药，但往往是学习、培训、咨询的费用花了一大把，企业经营的状况并未好转。

现实情况常常是头痛医头、脚痛医脚，一抓就灵、一放就散。有些经营者把企业管理的问题都归咎于员工，老板有"病"

却拼命让员工吃"药",企业文化逐渐沦为对员工的"洗脑文化",其结果可想而知。

稻盛和夫在创业之初也和这些经营者一样,没有系统地学习过管理知识,仅仅凭借对技术的自信和对伙伴的信任来经营企业。在创业过程中,他也遇到了很多问题,也有很多烦恼,但他和我们最大的区别在于,在遇到经营难题时,他不是盲目地寄希望于向外寻找答案,而是不断地注入思考,在工作现场寻求解决问题的答案和方法。

在创业之初,稻盛和夫也参加过管理方面的培训,那是他特别敬仰的本田公司的创始人本田宗一郎先生所做的演讲。当时稻盛和夫不顾周围人的反对,花了数万日元参加了在某温泉旅馆举办的为期三天两夜的研讨会。

当天,参会者换好浴衣,在一个大房间等候本田先生。不一会儿,本田先生穿着油渍斑斑的工作服露面了,他从滨松工厂直接赶来,一开口就给了众人一个下马威:"各位,据说你们是来学企业经营之道的?如果有闲工夫,不如赶快回公司干活去。泡泡温泉,吃吃喝喝,哪能学什么企业经营之道。我没向任何人学过企业经营之道,不也能经营企业吗?所以,你们该做的事只有一件,立刻回公司上班去!"

本田把大家训斥一通,临了又挖苦道:"花这么高的参会费用,这样的傻瓜哪里去找?"众人默不作声,因为他讲得太对了!看到这光景,稻盛和夫更加为本田的魅力倾倒:"好吧!我也快快回公司干活去。"

本田给稻盛和夫的启发是：在榻榻米上练游泳未免太傻，学不会游泳，倒不如即刻跳入水中，手脚并用划一阵子再说。不在现场挥汗，哪能学到什么企业经营之道——本田就是榜样，这让稻盛先生由衷地钦佩，也由此领悟到，要想学会企业经营之道，必须脚踏实地，亲身实践，在实战中不断积累经验。

稻盛和夫的经营哲学正是他在克服一个又一个经营难题的过程中感悟到的，每次遇到难题，他都会把自己的想法记在笔记本上，不断地自问自答、总结、归纳和整理。稻盛和夫说：

我自己投身于工作，埋头于经营。在实践中，"究竟该怎么做，工作和经营才能顺利进展？"我烦恼，我思索。在这一过程中，终于领悟了有关工作和经营的理念、思维方式以及具体的方法模式，归纳起来就是"哲学"。

——摘自《经营为什么需要哲学》

◎ **经营哲学的重要性**

经营为什么需要哲学呢？稻盛和夫认为有三个理由可以说明在经营企业时，经营哲学不可或缺。

第一个理由，所谓"哲学"，首先是经营公司的规范、规则，或者说必须遵守的事项。经营公司无论如何都必须有全体员工共同遵守的规范、规则或事项，这些哲学必须在企业内部明晰地确定下来。

第二个理由，所谓"哲学"，它用来表明企业的目的、企业的目标，即要将这个企业办成一个什么样的企业……"要攀登什么样的山"，这用来比喻企业经营非常贴切。就是说，你要创办什么样的公司，目标不同，经营公司需要的哲学、思想也不同。京瓷从还是中小零细企业时开始，就立志要成为世界第一的陶瓷企业，为了达到这个目标，"必须有这样的思维方式、这样的方法模式"，这样的思考被归纳为"哲学"，这种"哲学"就是京瓷攀登高山时所需的准备和装备。

第三个理由，这种"哲学"可以赋予企业一种优秀的品格。就像人具备人格一样，企业也有企业的品格。企业经营非常需要优秀的哲学，就是因为这种哲学可以赋予企业优秀的品格。

——摘自《经营为什么需要哲学》

　　企业在开展营销活动时最大的成本是什么？是信任成本。
　　阿里的淘宝模式之所以获得了巨大的商业成功，就是因为它解决了商家与用户之间的信任问题。当一个企业具备了优秀的高层次哲学，赋予员工优秀的人格，赢得客户的信任和尊重时，它也就能以最低成本获得最大的营销力。

● 经营哲学与领导者关系

　　《大学》中有这样一段话："一家仁，一国兴仁；一家让，一国兴让；一人贪戾，一国作乱。其机如此。此谓一言偾事，一人定国。"

历史告诉我们，无论家还是国，都可能因一人兴、一人衰。不仅家国如此，企业同样如此。

一家企业的兴衰很大程度上取决于企业领导者，一个部门的兴衰很大程度上取决于部门领导者。许多企业如昙花一现，究其原因，大多因领导者兴因领导者衰。

在名为《领导人的资质》的讲话中，稻盛和夫形象地用美国西部大开发时的篷马车队队长比喻企业领导者。在探索广袤而未知的西部大地的过程中，掌握篷马车队命运的是作为领导者的队长。只有发挥了卓越领导力的队长率领的车队，才能到达目的地。如果篷马车队队长心中充满私利私欲，结果会怎样呢？稻盛和夫说："我想，恐怕他们得不到周围人的协助，团队四分五裂，结果不可能到达梦寐以求的新天地。"

因此稻盛和夫认为，在现代商业社会中，以企业经营者为代表的企业领导者要想获得人生事业的成功，必须具备以下五项资质。

◎ 具备使命感

在稻盛和夫看来，正是因为篷马车队队长具备了百折不挠的强烈使命感，才能带领大家克服路途中的千难万险，向着西部挺进。稻盛和夫说：

作为企业的领导者，大家创办企业之初，哪怕只有强烈的愿望也无妨，但是为了企业进一步的发展，我希望你们也提出自己团队能够共同拥有的符合大义名分的崇高的企业目的，并将它们作为企业的"使命"。让自己"具备使命感"，并让这种使命感为整个团队所共有，这就是企业领导者首先必须具备的要件，或者说资质。

◎ 明确地描述目标并实现目标

稻盛和夫说："'明确目标，无论碰到什么困难都要实现目标'是领导者必须具备的资质。而且'这个目标不是一个总的抽象的数字，必须分解到每一个组织。每个最小单位的组织都要有明确的目标数字，目标必须非常具体，目标必须成为每一位员工的工作指针，另外，不仅要设定整个一年的年度目标，而且要设定月度目标'。简单地说就是目标不仅要清晰而且要分解到时间上、空间上。不仅如此，领导者还要'以渗透到潜意识的、强烈而持久的愿望和热情，去实现自己设定的目标'。"

◎ 不断地挑战新事物

稻盛和夫说："企业领导者不满足于现状，不断地进行变革和创新，能不能做到这一点，将决定企业的命运，'只有变革，只有不断地、反复地开展创造性的工作，企业才能持续成长发展'，同时要相信'人的无限可能性'。"

◎ 获取众人的信任和尊敬

稻盛先生认为要想获得众人的信任和尊敬，企业领导者首先要有"勇气"，要具备克服一切困难和障碍，将正确的事情以正确的方式贯彻到底的"勇气"和"信念"。其次，企业领导者必须保持"谦虚"，因为傲慢的人可能取得一时的成功，但他的成功绝不可能长期持续。历史上多少英雄豪杰在成功后忘乎所以，傲慢不逊，从顶峰坠落。最后，企业领导者应该始终保持"乐观开朗"的态度，心中充满梦想和希望。持有这种心态，不仅是作为企业领导者的必要条件，而且是人生的铁则，是人们生存的智慧。

◎ 抱有关爱之心

稻盛和夫说："我坚信，一颗亲切的关爱之心，才是领导者应该具备的最根本的资质。"为了实现企业的经营目标，真正的企业领导者应该是"以爱为根基的反映民意的独裁者"。

● 经营要诀

◎ 经营要诀的具体内容

既然经营企业必须拥有正确的经营哲学，那么，其核心和要诀是什么呢？稻盛和夫把自己在京瓷和 KDDI 的经营实践中切身体悟并总结出的经营的原理原则归纳为十二项，将其称为"经营十二条"。

　　不同行业、不同规模、不同发展阶段，许多复杂因素相互交叉叠加，经营似乎成了一件特别复杂且困难的事，那么，如何才能经营好企业呢？稻盛和夫提出，只要着眼于事物的本质，经营企业可以说相当单纯。

世上有各种各样的现象，如能将驱动这些复杂现象的原理总结出来，那么一切其实都是单纯明快的。复杂现象复杂理解，事情反而难办。在研究开发领域，必须具备将复杂现象简单化的能力。企业经营也一样，只要领会了其中的要诀，也就是原理原则，经营企业就不是什么难事。

——摘自《经营十二条》

　　稻盛和夫在实践中总结的这些经营要诀（经营十二条）不仅在京瓷和 KDDI 中被证明有效，还帮助日本航空公司完成了破产重建，并大获成功。稻盛和夫确信，无论在中国还是日本，经营的要诀、经营的原理原则都一样。"经营十二条"是立足于"作为人，何谓正确"这一基本观点之上的，它超越国界、超越民族、超越语言。

经营十二条

第一条　**明确事业的目的和意义。**

　　树立光明正大的、符合大义名分的、崇高的事业目的。

第二条　**设立具体的目标。**

　　所设目标随时与员工共有。

第三条　**胸中怀有强烈的愿望。**

　　要怀有渗透到潜意识的强烈而持久的愿望。

第四条　**付出不亚于任何人的努力。**

　　一步一步、扎扎实实、坚持不懈地做好具体的工作。

第五条　**销售最大化，费用最小化。**

　　利润无须强求，量入为出，利润随之而来。

第六条　**定价即经营。**

　　定价是领导的职责，价格应定在客户乐意接受、公司又盈利的
交会点上。

第七条　**经营取决于坚强的意志。**

　　经营需要洞穿岩石般的坚强意志。

第八条　**燃烧的斗魂。**

　　经营需要强烈的斗争心，其程度不亚于任何格斗。

第九条　**临事有勇。**

　　不能有卑怯的举止。

第十条　**不断从事创造性的工作。**

　　明天胜过今天，后天胜过明天，不断琢磨，不断改进，精益求精。

第十一条　**以关怀之心，诚实处事。**

　　买卖是双方的，生意各方都得利，皆大欢喜。

第十二条　**保持乐观向上的态度。**

　　抱着梦想与希望，以坦诚之心处世。

◎ 经营十二条要点

经营十二条是我们经营企业的成功宝典，哪怕只是认认真真地践行了其中一条，也必然会让自己的企业获得巨大的成长。其中，第一条和第三条是重中之重。

第一条：明确事业的目的和意义。树立光明正大的、符合大义名分的、崇高的事业目的，也就是必须找到企业的使命。它既是企业开展经营活动的起点又是终点，它决定了企业经营的理念、方向和企业发展的战略，是关乎企业经营能否获得持续成功最根本的因。稻盛和夫说，经营企业必须具有"大义名分"。所谓"大义"是一种发自"真我"的"良知"或者"真善美"，"大义名分"就是"为公""正义""公平""社会贡献"。有了"大义名分"，人们就会满怀憧憬，为之奋斗。

在稻盛先生看来，人追求真我，真我就会发挥无穷的能量。他说："我们公司的现在和将来，以及大家的现在和将来，必定与你们心中所描绘的梦想一样。那不是缥缈的梦想，而是必须坚定的、美好的愿望，也就是接近真我的愿望。只要是这种愿望，就一定能够实现。"

第三条：胸中怀有强烈的愿望。要怀有渗透到潜意识的强烈而持久的愿望。稻盛和夫认为，我们所在的物质世界是充满理性的世界，所有事物的产生一定都有具体的原因。而心中抱有的愿望是其中最根本的原因。虽然最初只是一个抽象的"愿望"概念，但必然会导致现实世界中的具体结果。因为它符合宇宙中存在"推动一切事物不断生成进化发展的力量"的宇宙意志。

"愿望决定人生，源自真我、理性和良知的强烈愿望一定能够实现。"换言之，经营十二条的所有条文都贯穿了"愿望一定能够实现"的思想，稻盛和夫在向京瓷的干部们传授"经营十二条"时也反复提到这些。如果是渗透到潜意识的强烈而持久的愿望，就一定能够实现。稻盛和夫说，经营十二条的全部内容都是以"愿望必定能实现"为前提，逐条制定的。也就是说，经营十二条中每一条的达成都需要强烈而持久的愿望来推动。或者说，只要我们能够做到朝思暮想、持续思考如何实践好每一条，就一定可以取得圆满的结果。

在 2010 年举办的稻盛和夫经营哲学青岛国际论坛上，稻盛和夫向到场的中国塾员和企业家讲述了"经营十二条"，在演讲的最后，稻盛和夫这样说：

在座的各位经营者，对于我刚才讲述的"经营十二条"，如果真能认真学习，切实实行，那么你们就会变成与自己的过去完全不同的优秀的经营者。

如果在座的经营者变了，紧接着你们公司的干部就会变，再接着员工就会变。如果是这样，那么只需要一年左右的时间，你们的公司一定会充满活力，变成一个优秀的、高收益的公司。

经营实学

● 用数字经营企业

　　稻盛先生曾经特别形象地用驾驶飞机来比喻经营企业，飞机的终点就是每个经营者心中向往的那个"桃花源"，现实状况却是大多数经营者往往无证驾驶，看不懂飞机的仪表盘，既不了解飞机外面的天气状况，也不了解当下飞机的高度、航向、油量等，只知道自己的目的地。

　　稻盛先生说："各位经营者，你们就是飞行员。飞机仪表盘上的每一个数字必须一个一个确认，掌握现在飞机所在的高度、飞行的速度和方向，这样才能运用操纵杆，驾驶好飞机。"

　　2017 年 7 月 20 日，日本横滨国立会馆，已近 85 岁高龄的稻盛和夫在第 25 届世界盛和塾大会上，为到场的近 5000 名来自世界各地的盛和塾塾员做了题为《用数字经营企业》的重要演讲。在这篇演讲中，他向塾员们说明了为什么要用数字经营企业，以及企业开展数字经营应该采取的措施。他说：

要让企业持续成长发展，经营者必须掌握好经营之舵，而掌握得好不好，唯一的客观性的指标就是数字。用数字开展经营，第一重要的是数字必须准确。每天的销售额是多少，每天在哪里、发生了什么费用、花费了多少，这些数字如果没有正确地掌握，就不知道公司哪里出了问题，就无法采取针对性的改进措施。

同时，数字不仅要准确还要正确，为什么呢？

数字如果不清晰或不正确，就会导致判断失误，导致企业衰败。如果忽视了对正确数字的追求，稍有马虎，"千里之堤，毁于蚁穴"，就会侵蚀企业的机体，最终招致企业破产。有关经营的所有数字，都不能加上任何人为的操作，经营数字必须表达经营的实态。利润表和资产负债表上所有的科目及其明细，都必须正确地表达公司的实态，表达真实，无可挑剔，无论什么人都找不出它的破绽。

在这篇讲话中，稻盛和夫认为：

用数字开展经营，第二重要的是，数字本身要证明经营者自己对经营的严肃态度。经营者在思考经营计划时，往往会根据乐观的估计制定方案，都设想得对自己有利，那么，在希望落空时，预计的收支数字就会错乱，经营判断变得困难，企业之舵难以执掌。因此在制订当下经营计划时，经营者要考虑企业的安全性，要以悲观的态度严格地审时度势，设想种种困难，在这个基础上经营企业。这是基本的态度。为了保持一个健全的、强韧的企业体质，对于数字进行严格管理的经营姿态是必要的，哪怕这种自我管理的严格程度看上去似乎有点过头。

经营者为了采取更有针对性的经营措施，对数字进行细分管理是非常重要的。为了实践"销售最大化，费用最小化"这一条经营的原理原则，不仅经营者，而且全体员工都要在自己的日常工作中不断地钻研创新，要做到这一点，就必须将数字进行细分。那么，将数字细分具体应该怎么做呢？重要的是数字要在空间上和时间上细分化。所谓在空间上将数字细分化，就是不仅要有公司整体的经营目标，而且要到现场的最小单位，每个组织都要有数字目标，每个组织都要进行收支的核算管理。就是说，一直到现场的每一个最小单位的组织，都要有明确的数字目标，进一步讲，每一位员工都要在明确的企业方针之下持有具体的目标，这一点很重要。所谓在时间上将目标细分化，就是说，这个目标数字不仅是一整年的目标数字，还要设定明确的月度目标。每个月的目标明确的话，自然就可以看到每一天的目标了。就是这样，必须设定明确的目标数字，使每一位员工对自己每一天的任务都能理解，都能完成。这样，每一位员工都确实完成任务，每个组织都能达成目标，那么，整个公司的目标就能达成。同时，只要每一天的目标都能达成，那么，累积起来，月度的、年度的经营目标自然也能达成。

为了更准确地经营企业，在刚才讲的将数字细分化的同时，经营数字还必须及时地呈现。在激烈变动的经济环境中，只有及时掌握数字，才能迅速采取恰当的对策。就是说，因为及时掌握数字，即使在瞬息万变的经营环境中，仍然可以进行迅速的经营判断，由此提高企业的效益。这对经营者来说是一大武器。我坚信，如果不能及时掌握现在的数字，就无法引导企业走向正确的方向。

稻盛和夫认为，企业经营必须做出由美丽的数字表达的企业决算报表。但美丽的数字和决算报表的基础必须是"为了员工"，必须出于这样一颗善良的、美好的心灵。也正因为出于"为员工而经营"这个高尚的目的，才能够彻底贯彻用数字经营企业的方针。稻盛先生最后对全场的近 5000 名塾员说："只要你们贯彻'用数字经营企业'的方针，你们的企业就一定能够持续成长发展，就一定能够让你们的员工获得幸福，你们的痛苦辛劳一定会获得回报。"

美丽的报表、正确的数字不仅呈现了企业经营者善良、美好的心性，同样也体现了全体员工善良、美好的心性，及时、细分、准确而正确的数字背后都是全体员工的用心。

用数字经营企业的过程，就是在经营数字的改善和提升中磨炼全体员工心性的过程。

● 经营与会计

◎ 经营与会计的关系

用数字经营企业就是要把过去经营企业过程中盖浇饭式、粗放式管理转化为可量化的数字化经营，而且数字要做到"准确、正确、细分和及时"。数字本身体现的就是经营者的态度和心性。稻盛和夫说"经营的本质就是销售最大化，费用最小化"，因此，叩问会计的本质，就是追求经营的本质。稻盛和夫提出经营者必须掌握和使用好"会计七原则"。

对于会计原则的重要性，稻盛先生在《稻盛和夫的实学：经营与会计》这本书的序言中曾说：

我认为，日本的中小企业乃至大企业的经营者们，如果他们都能光明正大地经营企业，如果能正确理解企业经营的原点——会计原则，那么，无论是泡沫经济还是其后的经济萧条都不至于达到那么严重的程度。

稻盛先生还说："在这样的时代，经营者必须正确把握自己企业的经营状况，在此基础上做出准的经营判断。而做到这一点，前提就是要精通会计原则以及会计处理的方法……中小企业要健康发展，必须构筑能够一目了然地反映经营状况、彻底贯彻经营者意志的会计系统。"

稻盛先生甚至大声疾呼："不懂会计怎能经营企业！"

会计七原则

原则一　现金流经营原则。

会计为企业经营服务，就必须以现金为基础。应该回归会计的原点，关注原本最重要的"现金"，以此为基础进行准确的经营判断。

原则二　一一对应的原则。

一一对应的原则，作为会计处理的方法必须严格遵守，它规范了企业及员工的行为，在实现玻璃般透明的经营上发挥着重要作用。无论从内部看还是从外部看，企业及员工都不能有舞弊行为。

原则三　筋肉坚实的经营原则。

如果要塑造一个本质上强壮的企业，经营者就必须具备坚强的意志，借以克服如下诱惑：把自己和企业打扮得比实际情况更好看。

原则四　完美主义的原则。

不允许暧昧和妥协，所有工作都要追求完美，达到每个细节都完美。这是在企业经营中应该采取的基本态度。

原则五　双重确认的原则。

工作光明正大，在透明的空间中进行。这不但能使工作人员不发生意外事件，同时可以提高业务本身的可信度，保证公司组织健全。

原则六　提高核算效益的原则。

对经营者来说，"管理会计"和"财务会计"同等重要，都是企业经营必需的会计。管理会计对于财务会计的结算有什么影响，经营者必须正确把握。

原则七　玻璃般透明经营的原则。

企业经营最重要的就是光明正大，为了保证做到这一点，就要把经营放在众人的监视之下。

◎ 原则之上的原则

虽然稻盛和夫把他的会计学思想总结成"会计七原则",但究其源头,还是基于其所持有的基本的思维方式,以"作为人,何谓正确"进行判断。

稻盛和夫在《稻盛和夫的实学:经营与会计》的序章中说:

凡事都不追究本质,只是跟随所谓的常识,那么就不需要自己负责思考判断。或许有人认为,只要随大流,与别人做相同的事就没有什么风险,反正不是什么大问题,不必那么较真、那么深入思考。但是,只要经营者有一点这样的念头,我所说的依据原理原则的经营就不可能实现。

不管多么细小的事情都要追溯到原理原则,彻底地思考。这或许伴随极大的劳力和辛苦,但是,只有把任何人看来都正确的原则作为判断的基准,并且只有持续这么做,才可能在真正意义上实现合理的经营。

在稻盛和夫看来,作为经营的重要领域,会计领域同样适用"追求事物本质的原则"。只有回归会计的本质,把"作为人,何谓正确"作为经营的原理原则来进行判断,才会得出正确的结果。因此,"追求事物本质的原则"又可以称为会计七原则之上的原则。

◎ **普遍适用的原则**

人们在学习稻盛先生的会计七原则时，常常会出现两种误解，一种误解是认为"会计七原则"是给经营者和财务人员学的，其他人不需要学。在现实中，一部分持有这种观点的经营者的确也是这样做的。

还有一部分经营者在带领全员学习"会计七原则"时遇到了员工不理解、不愿学的状况。员工会认为："我又不是公司会计，为什么要学这个呢？"那么，普通员工要不要学习和掌握"会计七原则"呢？答案是"一定要"。

"会计七原则"是稻盛和夫经营学中的实学部分，所谓"实学"，就是用于指导企业实际经营、解决经营中的各种问题的学问，是拿来用的。

企业的经营要依靠包含经营者在内的全体员工。稻盛和夫曾经把经营企业比喻为驾驶飞机，经营者就是驾驶员，经营者必须读懂仪表盘，掌握好经营之舵。同样，"商场如赛场"，经营又像一场场比赛，经营者就是教练员，场上的队员就是全体员工。如果场上运动员不知道计分规则，不了解比分情况，那么怎么可能被点燃斗志、全力以赴地投入比赛，取得好成绩呢？

另外一种误解是，认为"会计七原则"只是企业经营中与会计有关的资金、物品和票据处理的原理原则。在我看来，稻盛和夫的"会计七原则"不仅适用于企业的会计管理，同样适用于企业经营的方方面面。充分理解和把握会计七原则中每一个原则背后的本质，对我们完成各部门、各岗位的工作具有普遍的指导意义和价值。同时，每个部门都应该依据"会计七原则"梳理出本部门、本岗位应该落地执行的具体规范和要求。

此外，"会计七原则"同样适用于家庭和人生的经营，是帮助我们实现家庭、物质与精神幸福重要的指导原则。

● 阿米巴经营

◎ 阿米巴经营是如何产生的

京瓷公司从一家只有 28 人的街道工厂到员工超过 100 人的公司，只用了不到 5 年的时间。之后，员工又快速增加到 200 人、300 人。一人独挑生产、销售、管理重任的工作模式让稻盛和夫感觉力不从心。这时，他想，如果能够像孙悟空那样，拔下自己的毫毛，吹一口气，变出许多自己的分身，就太好了，那样可以命令他们像自己一样去解决经营中的各种问题。

这就是阿米巴经营模式的缘起。

随着企业规模的不断扩大，经营中的糊涂账、管理效率低下的问题，以及如何调动员工的积极性、创造性等大企业病的问题也一一浮现。为了解决它们，稻盛和夫想到把庞大的组织细分成一个个小集体，采用独立核算的方式进行管理。稻盛和夫认为："企业经营不仅仅是一部分经营高层从事的工作，全体员工都需要参与其中。"

阿米巴经营模式就这样诞生了。

◎ 何谓阿米巴经营模式

阿米巴是一种单细胞动物，它可以根据环境改变自己的形态和形状，并可以自我分裂，因此又叫变形虫。稻盛和夫发明的经营模式和阿米巴的生存模式非常相似，所以将其命名为"阿米巴经营模式"。

阿米巴经营模式就是通过组织的不断裂变，根据需要，细分为一个个的小集体，让每个小集体都像一家小公司一样独立运营、独立核算，从而实现全员参与的经营，凝聚全体员工的力量。

阿米巴经营模式的核心在于确立与市场挂钩的部门核算制度，从而使企业经营彻底回归经营的本质。

阿米巴经营模式包含两个重要部分：第一，把组织划分成最小的作业单元，及时应对市场变动；第二，按部门进行核算管理。这既是开展阿米巴经营的重要目的之一，也是构建阿米巴经营体系的关键。

◎ 阿米巴组织划分

稻盛和夫说："阿米巴组织如何划分，这既是阿米巴经营的开始，也是阿米巴经营的终结。"

由此可见，在稻盛和夫的心目中，组织划分是何等重要。那么，应该如何理解这句话的深刻含义呢？还是要回归经营的本质，即"销售最大化，费用最小化"。

不同的企业所在的行业不同、规模不同、发展阶段不同，其基础也不同，面对瞬息万变的复杂市场形势，企业经营者只有回归经营的本质，将复杂的问题简单化，构建面对市场、快速响应的最小经营单元，从本质一层一层往上走，从头开始，根据需要重新组合。

组织划分错了，阿米巴经营必然失败。

从某种程度上讲，通过阿米巴组织划分实现的企业高收益与古希腊哲学家亚里士多德提出的"第一性原理"不谋而合。近年来，马斯克和芒格正是利用"第一性原理"的思维模式构建了强大的商业帝国。

阿米巴组织划分有三个要点。

要点一：部门的收入和费用必须清晰，部门必须是一个可以独立核算的单位。

要点二：被划分的阿米巴"作为一个事业能够独立完成"。

要点三：能够贯彻公司原本的整体目的。因此阿米巴不是能分就分，阿米巴的划分必须有利于公司整体的方针和目的。

同时，重要的是，阿米巴不是一次划分完以后就万事大吉了，经营者必须随时观察现在的阿米巴组织是否适应事业的环境，以便需要时做出调整。

——摘自《稻盛和夫经营学》

◎ 全员参与的单位时间核算

有了划分好的阿米巴组织，围绕"销售最大化，费用最小化"构建全员参与的单位时间核算制度是阿米巴实施的关键。稻盛和夫要求各阿米巴负责人通过简单易懂的、类似家庭记账簿的单位时间核算表，管理各阿米巴的收入和支出，一边管理费用，一边关注本月能够产生多少附加值，并时刻关注本月实际的收入、费用、附加值与月初预定的收入、费用和附加值之间的差距。

在阿米巴经营模式中，不用"计划"而是用"预定"来表达阿米巴成员完成计划的决心和信心，它是全体成员坚强意志的体现。在核算中，阿米巴巴长不仅要关注最终的附加值目标，更重要的是要通过当月完成实绩与预定之间的差距，带领阿米巴成员找到工作中问题的根源并且持续改良、不断创新，从而实现全体成员与企业的共同成长。为了不断提高核算效益，每个阿米巴成员都要互相帮助、集思广益。

为了让每一个成员都能够对自己在组织中的贡献大小一目了然，阿米巴经营中还采取了"单位时间附加值"这个指标，其中"附加值"就是核算表中的总收入减去总支出后的总收益部分，用总收益除以总劳动时间，即单位时间附加值（见表1-1）。

表 1-1 单位时间附加值核算表

序号	指标	计算公式
1	销售额（总产值、收入）	A
2	成本（费用）	B
3	附加值（结算收益）	C=A-B
4	总时间	D
5	单位时间附加值	E=C/D

通过单位时间附加值的核算，不同规模的阿米巴以及每个阿米巴成员的贡献大小就清晰可见，同时，单位时间附加值还是提升工作效率的一个重要指标。

◎ 阿米巴经营的三个目的

"经营十二条"的第一条就是明确事业的目的和意义，无论开创新事业还是创新商业模式、经营模式，稻盛和夫都要不断地自问自答，为什么要这么做？这么做的目的和意义是什么？这里面有没有私心，符不符合大义名分？

阿米巴经营有三个重要的目的。

目的一：实现以经营哲学为基础的全员参与的经营。
目的二：培养具有经营者意识的人才。
目的三：确立与市场直接连接的分部门核算制度。

阿米巴经营模式是稻盛先生"以心为本"的经营理念、"利他"的经营思想和回归经营本质的完美结合，是将道德与科学、哲学与实学合一的优美呈现，是"因上努力，果上美好"的必然印证。

企业是否导入阿米巴经营模式是当下中国企业界的热门话题之一，社会上也充斥着大量打着阿米巴旗号的"形似阿米巴"的培训机构，那么什么才是真正的阿米巴呢？

判定标准只有一个：是否符合以上阿米巴经营的三个目的。在落地实施中，缺少以上任何一个目的的达成，都不是真正的阿米巴，只能说是形似阿米巴。

同样，对许多希望导入真正的阿米巴经营模式的经营者来说，特别是中小微企业经营者，往往又会对导入阿米巴经营模式望而生畏，感觉阿米巴经营模式太复杂。其实，无论企业规模大小、经营模式简单还是复杂，只要围绕以上三个目的，构建出适合自己企业的分部门核算、教育培训和人事评价体系，就都可以成功地落地运用阿米巴经营模式，重要的是神似而不是形似，重要的是领导者的那颗"心"是否合格。

第二章

稻盛和夫经营学
教学体系

稻盛和夫经营学教学体系的由来

2007 年，中国第一家盛和塾——无锡盛和塾成立，标志着稻盛和夫经营学在中国开始了组织化的传播和系统化的学习。直到 2017 年，各地盛和塾塾员大多还处于摸索式学习阶段，稻盛和夫的著作在中国发行的种类和数量越来越多，但如何系统地学习他的著作，如何准确把握其经营学的精髓，如何才能少走弯路、快速获得成果，成为影响盛和塾发展及稻盛和夫经营学学习实践的首要问题。

2017 年，稻盛和夫（北京）管理顾问有限公司牵头邀请国内主要出版稻盛先生著作的三家出版社的相关负责人，长期开展稻盛和夫经营学研究和相关课程开发的专家、老师，以及部分资深的盛和塾塾员，共同开展了稻盛和夫经营学教学体系的研讨和梳理工作（见图 2-1）。经过多次的交流讨论，最后于 2017 年 8 月 19—20 日在北京确定了稻盛和夫经营学教学体系 1.0 版大纲，并于 2017 年 12 月在盛和塾内部正式发布了第一版《稻盛和夫经营学教学指南》。

图 2-1　稻盛和夫经营哲学教学体系研讨会

　　稻盛和夫经营学教学体系 1.0 版大纲在盛和塾内经过三年多的推广应用和实践，2020 年，盛和塾学习践行委员会牵头，再次组织相关专家、老师、优秀塾员企业家代表以及盛和塾事务局的部分专职人员，共同开展了稻盛和夫经营学教学体系的升级工作，在总结 1.0 版教学体系大纲落地运行的经验和存在的不足的基础上，经过多次分组讨论，于 2020 年 9 月 25—26 日在宁波确定了稻盛和夫经营学教学体系 2.0 版（见图 2-2）。稻盛和夫经营学教学体系是盛和塾集体智慧的呈现，是十几年来中国盛和塾的企业家们学习稻盛和夫经营学经验的总结和实践经验的提炼，是经过实践验证的、相对完善的一套教学体系。

2020 年 9 月 25 - 26 日 宁波

图 2-2 稻盛和夫经营学教学体系 2.0 版研讨会

稻盛和夫经营学教学体系模型的构建

通过第一章，我们基本了解了稻盛和夫经营学的核心理论以及构成稻盛和夫经营学的 3 个重要部分——人生哲学、经营哲学和经营实学（见图 2-3）。

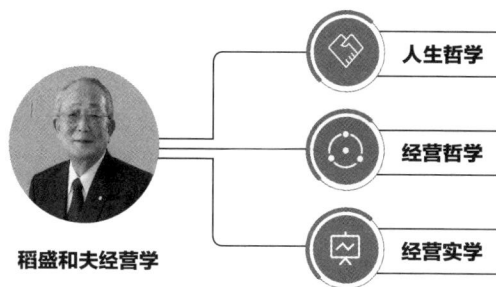

图 2-3　稻盛和夫经营学体系的构成

为了让大家能够把握每一部分学习的关键，清晰地理解稻盛和夫经营学三个部分之间的关系，我们首先构建了稻盛和夫经营学教学体系模型（见图 2-4）。从图 2-4 中，我们可以看到构成稻盛和夫经营学的三个部分，每一部分都是独立完整的，每一部分的学习都是从坚信开始，通过坚信、笃行和实证的形式实现螺旋式上升。

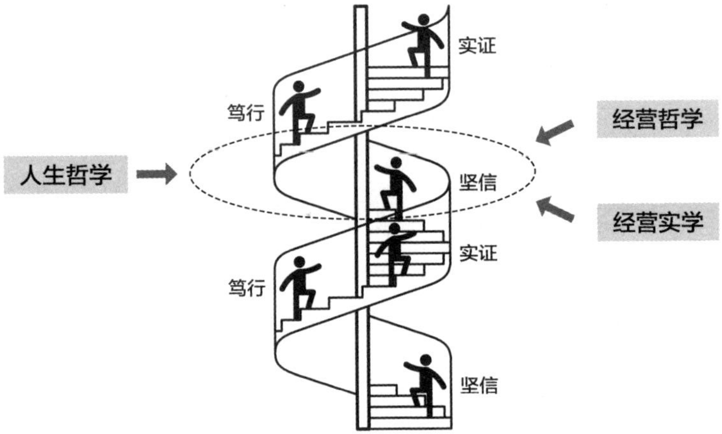

实证

笃行

经营哲学

人生哲学

坚信

经营实学

实证

笃行

坚信

图 2-4　稻盛和夫经营学教学体系模型

学习稻盛和夫经营学，无论从哪一部分入手都可以，但能否快速取得成果则取决于一个"信"字，也就是我们能否充分相信稻盛和夫传授的经营智慧。

在盛和塾，大家经常说"只要能够坚定地相信，就一定能够取得近乎百分百的成功"，为什么相信具有如此巨大的力量呢？

因为人们对不相信的事情，不会有真正的渴望，做事自然提不起劲，何谈"付出不亚于任何人的努力"。

现在社会上流行着这样一句话："大多数人因为看见才会相信，少数人因为相信所以看见。"这既是事实也是现状，因为大多数人很难做到百分百相信，在盛和塾同样如此。虽然大家认同、赞叹稻盛和夫了不起的商业成就和经营智慧，但是让每一位经营者都百分百相信稻盛和夫经营学、实践中完全照做，仍然是不现实的。

因此，我们构建了坚信、笃行和实证螺旋式上升的教学模型。无论你与稻盛和夫经营学中哪一条理论、哪一个原则产生了共鸣，只要信一分，就认真地行（实践）一分，那么一定会有一分的收获和成长，"功不唐捐"就是这个意思。关键在"行"上，所谓"行一分"就是我们可以先从小事做起，从简单的事情做起。

有了一分的收获和成长，我们的信心自然就会增加，从信一分增加为信二分，进而行二分，证二分，如此不断形成正反馈，螺旋式上升，从而实现企业经营业绩的持续增长与个人心性的不断提高。在图 2-4 中，我们用圆圈把人生哲学、经营哲学和经营实学这三个部分连接在一起，因为这三个组成部分既相互独立又相互联系，各部分之间相互拉动和推动，由此形成了巨大的内在张力，产生了 1+1+1 远远大于 3 的效果。这种效果就像点燃了一座核反应堆，这种"核爆"的力量才是推动京瓷公司、KDDI 迅速成长为世界 500 强企业以及日本航空公司用两年八个月重新上市的根本原因。而且，这种"核爆"的力量不仅能快速推动企业的发展，还能提供源源不绝的动力，确保企业基业长青。

学习稻盛和夫经营学无论从哪一部分开始都没有问题，但一定要全面且同步展开，先进带动后进，彼此之间相互拉动和推动，一起实现快速提升。

稻盛和夫经营学的学习成长路径

依据稻盛和夫经营学教学体系模型，围绕人生哲学、经营哲学和经营实学这三个部分，我们可以将稻盛和夫经营学的学习成长路径清晰地勾画出来（见图 2-5）。在图 2-5 中，横向是稻盛和夫经营学的三个组成部分，分别是人生哲学、经营哲学和经营实学，纵向是每部分螺旋式提升的三个重要节点，自下而上分别是

	人生哲学	经营哲学	经营实学
实证	持续净化心灵	哲学血肉化	创造高收益
笃行	每天进步一点点	开展哲学共有	开展阿米巴经营
坚信	明确人生的目的和意义	明确事业的目的和意义	依据会计七原则开展数字核算

图 2-5　稻盛和夫经营学的学习成长路径图

坚信、笃行和实证。纵横交叉对应的九个节点就是学好稻盛和夫经营学的九个关键点，所以在盛和塾里，大家把图上的内容称为"九宫格"学习法。

从图 2-5 中我们可以看到，人生哲学的修习路径从"明确人生的目的和意义"开始，垂直向上，到"每天进步一点点"，再到"持续净化心灵"，呈现螺旋式提升；经营哲学的学习践行从"明确事业的目的和意义"开始，垂直向上，到在企业中带领全体员工"开展哲学共有"，逐步向"哲学血肉化"迈进；经营实学的学习践行从在企业中"依据会计七原则开展数字核算"开始，在此基础上垂直向上，在企业中"开展阿米巴经营"活动，从而持续带领企业"创造高收益"。

需要说明的是，无论人生哲学、经营哲学还是经营实学，都是沿着坚信、笃行和实证的路径不断向上形成正反馈，从而实现螺旋式提升的。

图 2-5 中最重要的节点是左下角"明确人生的目的和意义"，它是我们开展稻盛和夫经营学学习的原点，在学习稻盛和夫经营学的过程中，无论从哪一部分开始，着力点都要回到这一步。稻盛和夫在《活法》序言第一节"混乱的时代中追问人生的意义"中向每一位读者提出了最根本的问题："人为什么活着？"稻盛和夫说："必须从正面来回答这个问题，从而确立一种'哲学'，作为我们人生的指针。"并且，稻盛先生毫不含糊地给出了自己的答案，那就是"提高心性，磨炼灵魂"。所谓"提高心性"，稻盛和夫说就是"一心向善"，就是"时刻秉持'爱、真诚、和谐'

之心，为世人、为社会做贡献，除此之外人生别无意义"。

当经营者真的理解并开始相信稻盛和夫所提出的人生正确活法时，其思想和行为就一定会产生两个改变，第一个改变是自身的改变，因为利他之心就像一面镜子，它可以不时地照见自己那颗自私自利的利己之心。照见之后怎么办？从自己开始"每天进步一点点"。第二个改变是重新确立经营事业的目的和意义，既然经营者要把为世人、为社会做贡献作为自己的人生目的，那么企业经营的目的就不能只是为了自己的幸福，而是要让企业里的兄弟姐妹们和自己一样幸福。最好的利他就是从身边人开始的，由此我们可以依照图 2-5 展开系统学习和践行稻盛和夫经营学之路。

解构稻盛和夫经营学教学体系

● 稻盛和夫经营学与《大学》的关系

《大学》是儒家著名经典四书中的一部重要著作，又叫"大人之学"，那么，什么样的人可以被称为"大人"呢？

在古人看来，大人包含两方面的含义，一是从年龄上看已经成年的人；二是具备高尚的德行和智慧的人。曾子在《大学》中提出了"三纲领"（明明德、亲民、止于至善）和"八条目"（格物、致知、诚意、正心、修身、齐家、治国、平天下）。在农耕文明时代，古人就是通过这八条目次第修习和践行，内圣而外王，而复归于内圣，最终成为对国家、对社会、对人类有用的大人。

可以说，在中国古代传统教育体系中，没有一本著作有甚于《大学》。这本书将儒家文化的世界观和方法论高度融合在一起，"三纲领"讲明白了儒家的形而上之道，"八条目"又给出了形而下的，具体修学、训练和运用的方法。把中国文化强调的"知行合一"的价值体现出来了，所以《大学》在一定的意义上，就是儒家"忠恕之道"的训练教程。

——摘自《儒家文化的大人之学——〈大学〉》

因此，《大学》可以说是两千多年来儒家培养人才的教科书，其核心思想就是"三纲领"，其成长路径就在于"八条目"。现代社会是商业文明社会，企业家成为推动社会发展进步的重要力量，企业家群体是成为唯利是图、自私自利、为所欲为的"小人"，还是成为对国家、对社会、对人类有用的"大人"变得至关重要。

稻盛和夫说中国古圣先贤们的思想对他的影响非常大，的确，我们看稻盛和夫经营学的人生哲学部分，其原点是"明确人生的目的和意义"，从"人为什么活着"的思考到确立利他的人生观，直至洞悉人生唯一的目的是"磨炼灵魂"，让自己在走的时候比来的时候灵魂更纯洁，内心光明。这一原点对应的就是《大学》里的"三纲"，从"明明德"到"止于至善"。其修习的方法和路径"每天进步一点点"对应的就是《大学》里的"格物、致知"，"持续净化心灵"对应的是"诚意、正心"，整个人生哲学部分从"明确人生的目的和意义"到"每天进步一点点"再到"持续净化心灵"的修习过程就是在完成企业家个人的"修身"。

在农耕文明时代，以血缘为纽带的家族活动是社会活动的主要形态，而在现代商业社会，企业活动成为社会活动的主要形态。和企业家、经营者关系最密切的人不再仅仅是家人，还有企业里的员工们，他们把最美好的青春和人生的黄金时段都投入工作中，为企业的发展壮大贡献自己的力量。

稻盛和夫说，现代企业就像一个大家庭，企业里的员工彼此就像兄弟姐妹，因此在企业中一定要开展大家族主义经营，稻盛和夫经营学的经营哲学部分就是在帮助经营者"齐家"。对企业家来说，最好的爱国方式之一就是把企业经营好，实现员工幸福，为社会多做贡献。稻盛和夫经营学就是通过在企业中开展以心为本的数字化经营，让阿米巴经营模式落地，帮助企业创造高收益，成为幸福企业，因此，对企业家来说，"治企"有如"治国"。如果社会上越来越多的企业通过学习成为高收益的幸福企业，社会自然就会和谐稳定，进而达至"天下平"了。因此，从这个角度理解，我们可以说稻盛和夫经营学就是现代商业版的《大学》（见图 2-6）。

	人生哲学	经营哲学	经营实学
实证	持续净化心灵	哲学血肉化	创造高收益
笃行	每天进步一点点	开展哲学共有	开展阿米巴经营
坚信	明确人生的目的和意义	明确事业的目的和意义	依据会计七原则开展数字核算
	修身	**齐家**	**治企**

图 2-6 稻盛和夫经营学与《大学》的关系

● 稻盛和夫经营学教学体系的内在逻辑

《大学》中提出"自天子以至于庶人，壹是皆以修身为本"，在儒家看来，"修身"是第一要务。同样，稻盛和夫经营学中最重要的也是"修身"——人生哲学部分。"修身"的终极目的就是成为像圣贤那样心灵纯粹、内心光明的人，这样的志愿将成为经营者人生成长道路上不断向上提升的内在动力（见图 2-7）。

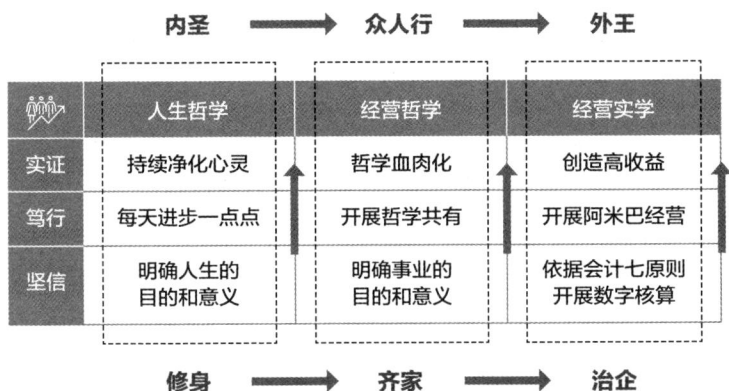

	内圣 →	众人行 →	外王
	人生哲学	经营哲学	经营实学
实证	持续净化心灵	哲学血肉化	创造高收益
笃行	每天进步一点点	开展哲学共有	开展阿米巴经营
坚信	明确人生的目的和意义	明确事业的目的和意义	依据会计七原则开展数字核算
	修身 →	齐家 →	治企

图 2-7　稻盛和夫经营学教学体系的内在逻辑（一）

经营者"修身"除了实现自我心性的提高和人生的圆满，更是为了"齐家"。所谓"齐家"就是企业经营者要在经营的过程中带着企业里的"兄弟姐妹"一起成长，通过经营哲学的修习，实现全体员工心性的提高。哲学血肉化的过程就是"齐家"的过程，"齐"就是不能仅仅实现经营者个人的提升，而是要齐头并进，使众人行。

俗话说"家和万事兴"，人生和事业有了明确的目标，有了全体伙伴的同心同德，接下来自然就要实干"治企"了。"治企"的目的是让企业成为高收益的幸福企业，成为基业长青的伟大企业，实现企业家的"外王"梦。我们从图 2-7 可以看到，稻盛和夫经营学的三个部分以人生哲学的修习为起点，通过不断向前、向上找到提高心性、拓展经营的动力和方向，由内圣而外王。

当企业经营遭遇业绩下滑、利润减少的难题，经营出现危机，其主要根源一定在自身，"企不治"一定是因为"家不齐"，而"家不齐"的根源一定是企业经营者"身未修"。我们通过图 2-8 的成长路径图可以发现，经营中出现的各类问题都可以在成长路径图中通过不断向下、向后，找到问题的根源和解决的方法。

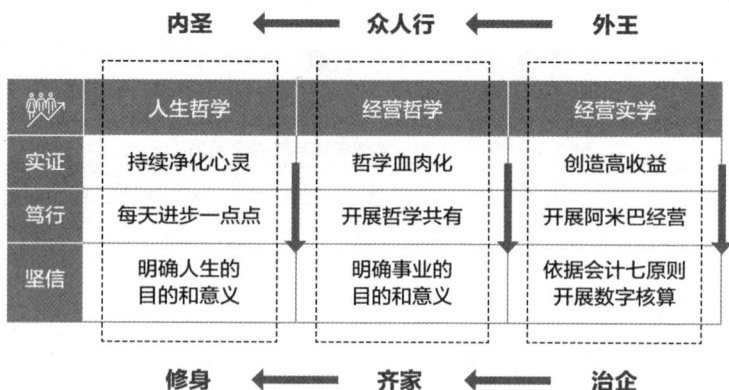

	内圣 ←	众人行 ←	外王
	人生哲学	经营哲学	经营实学
实证	持续净化心灵	哲学血肉化	创造高收益
笃行	每天进步一点点	开展哲学共有	开展阿米巴经营
坚信	明确人生的目的和意义	明确事业的目的和意义	依据会计七原则开展数字核算
	修身 ←	齐家 ←	治企

图 2-8　稻盛和夫经营学教学体系的内在逻辑（二）

● 稻盛和夫经营学教学体系的内在因果关系

既然稻盛和夫经营学的三个组成部分之间有这样的内在逻辑关系，那么逻辑关系的背后一定有因果关系。在稻盛和夫经营学中，人生哲学是因，经营哲学是果。如果经营者的发心真的变了，把实现员工物心双幸福当成自身的使命，那么全体员工心性的提高以及经营哲学在企业中的落地就一定会水到渠成。

经营哲学和经营实学之间，经营哲学是因，经营实学是果。企业有了正确的经营理念、符合大义名分的企业使命，自然会换来全体员工的齐心协力。加上科学的管理方法和激励人心的机制体系，企业经营必然会圆满而顺利。

由此可见，稻盛和夫经营学的三个组成部分是互为因果的关系，人生哲学是因，经营哲学是果；经营哲学是因，经营实学是果（见图2-9）。对照图2-9我们可以看到，企业要想成为持续高

🙏	人生哲学	经营哲学	经营实学
实证	持续净化心灵	哲学血肉化	创造高收益
笃行	每天进步一点点	开展哲学共有	开展阿米巴经营
坚信	明确人生的目的和意义	明确事业的目的和意义	依据会计七原则开展数字核算
	因	果　因	果

图 2-9　稻盛和夫经营学教学体系的内在因果关系

收益的幸福企业，稻盛和夫经营学的三个组成部分就缺一不可。学好稻盛和夫经营学最根本的因在人生哲学，人生哲学是稻盛和夫经营学的根，是企业实现持续高收益不绝的动力源泉。透过图2-9，我们也可以真正理解为什么"提高心性，拓展经营"会成为盛和塾近40年不变的口号。只要有了人生哲学、经营哲学不断提升的因，就一定会结出丰硕的经营实学之果。

稻盛和夫经营学成长路径解析

在稻盛和夫经营学学习成长路径图中，不仅构成稻盛和夫经营学的三个部分相互之间存在确定的逻辑关系，图中的每一个重要节点之间都存在同样的逻辑关系（见图 2-10）。节点与节点之间的关系都是向前、向上找方向、找动力，向后、向下找原因、找发心。

	人生哲学	经营哲学	经营实学
实证	持续净化心灵 ⟷	哲学血肉化 ⟷	创造高收益
笃行	每天进步一点点 ⟷	开展哲学共有 →	开展阿米巴经营
坚信	明确人生的 目的和意义 ⟷	明确事业的 目的和意义 ⟷	依据会计七原则 开展数字核算

图 2-10　稻盛和夫经营学成长路径解析

● 稻盛和夫经营学三个部分之间的逻辑关系

对照图 2-10，我们可以看到学习稻盛和夫经营学从"明确人生的目的和意义"开始，企业经营者通过人生哲学的学习，开始思考正确的人生活法应该是什么，从而找到人生的使命，逐渐确立利他的人生观，并以此为原点向上、向前找到下一步学习、践行的方向。向上，以"六项精进"为修身的方法，开始"每天进步一点点"的修习并一路向上；向前，重新思考为什么经营企业，再一次"明确事业的目的和意义"，从"只为自己"转变为"为全体员工的物心双幸福"，确立具有大义名分的企业使命、经营理念，之后继续向上、向前。向上，企业经营者率先垂范，在企业中开始带领全体员工"开展哲学共有"且反复持续，直至"哲学血肉化"；向前，"依据会计七原则开展数字核算"。稻盛先生说："只有把哲学转化为数字才是真正的经营。"把哲学转化为数字的过程才叫真正的血肉化。所谓数字化经营，就是要通过准确、及时、细分的经营数字，在企业中开展各类月度数字经营分析会，在此基础上，"开展阿米巴经营"，引领企业持续"创造高收益"。依照向前、向上找方向、找动力的原则，我们在学习稻盛和夫经营学时就不会迷失方向。

稻盛和夫经营学学习成长路径图就像茫茫大海上的导航仪，从原点出发，以最简捷的路径帮助企业经营者最快速地到达人生幸福的彼岸（持续净化心灵），使其经营的企业成为持续创造高收益的幸福企业。与此同时，这张学习成长路径图不仅是我们学习稻盛和夫经营学的导航仪，还是我们学习过程中的自我诊断仪。

● 稻盛和夫经营学学习成长路径详解

在盛和塾学习、交流的过程中，我们经常会遇见这样一些经营者，他们通过阅读稻盛先生的著作或者参加盛和塾的一些活动、课程，与稻盛和夫经营学、与稻盛先生敬天爱人的利他思想产生了强烈的共鸣，然后迫不及待地希望企业里的每一位伙伴都能够参与学习，希望他们也能够像自己一样尽快改变、成长。于是，他们带着高管乃至全体员工开始了轰轰烈烈的稻盛和夫经营学学习活动，每天读书、打卡、分享，推动企业全员哲学共有。但是学着学着，企业经营者发现大家的热情在慢慢消退，参与读书、分享的人越来越少，甚至有的企业只剩老板一个人在坚持。

这种情况给企业经营者造成了极大的困扰，本来一片好心带着大家成长，但是得不到大家的理解和认同，甚至有的企业员工开始学会以稻盛和夫经营学中的原理原则为标尺来衡量老板的行为，他们抱怨"老板没有付出不亚于任何人的努力""老板没有做到'作为人，何谓正确'""老板不够利他"等，这些现象让经营者苦恼不已。

有的经营者说："没有带着大家学习时，我是企业老板，在企业里，我想干啥就干啥，员工也不敢抱怨，甚至觉得老板这样做理所当然；现在好了，我在自己的企业里还得处处小心。"有的经营者甚至半开玩笑地抱怨："后悔带着大家学习了。"

企业开展哲学共有为什么会失败？原因是什么呢？对照图2-10，我们找到"开展哲学共有"这个节点，向下、向后就能找到失败的原因。向下，企业"开展哲学共有"之所以失败，一定是因为"明确事业的目的和意义"出了问题。稻盛先生说，作为经营者，你只有确立了符合大义名分的、崇高的事业目的，即把员工的幸福放在首位，员工才会发自内心地爱戴你、追随你。

现在，企业经营者还没有想明白为什么要经营企业，经营的唯一目的还只是在为自己谋幸福，这时带着全体员工学习稻盛先生利他的经营思想，让他们每天读《活法》《干法》，大家会怎么想？有的经营者可能会说："不对呀，我们企业学了稻盛和夫经营学之后，已经重新确立了企业的使命，首先就是要追求全体员工的物心双幸福，为什么'开展哲学共有'还是失败了呢？"这时，企业经营者必须再一次回看，这个新的企业使命只是一个挂在墙上的口号还是已经实实在在地把幸福落实到了员工的身上、心上？员工有没有切身感受到呢？

我们发现有的企业经营者说自己的事业找到了大义名分，有了企业使命，但是这个使命甚至从来都没有在员工面前大声地说出来过，只是自己心里认为有了。这样的使命，员工是不可能感受到的。员工感受不到企业的改变，自然就不会发自内心地认同这样的学习。他们会认为："这又是老板在给我们洗脑，在忽悠我们。"

对照图2-10，向后，企业"开展哲学共有"之所以失败，是因为企业经营者没有做到"每天进步一点点"。企业经营者要求员工每天读书、打卡、分享，但是他自己三天打鱼两天晒网，有的甚至自己不学让员工学。在盛和塾，大家把这样的现象叫作"老板有病让员工吃药"，让员工每天付出不亚于任何人的努力，自己却仍然每天晚到早走。如果老板不能做到每天进步一点点，不能让员工感受到老板身心的变化，那么员工自然也不会相信老板的话，员工更关注老板怎么做，而不是老板怎么说。企业经营者变了，员工自然会跟着变。

如果经营者在学习稻盛和夫经营学时产生困惑，对照图2-10，首先找到自己当下困惑的节点，向下、向后就可以找到问题产生的原因，关键是从发心上找。依照这个规则，首先，针对企业"开展哲学共有"出现问题，我们通过向下、向后找到问题的原因在于没有做到"明确事业的目的和意义"和"每天进步一点点"；然后，追问为什么没有做到"明确事业的目的和意义"，继续向后一步找原因，我们就会发现问题的根源在于"明确人生的目的和意义"，在这个核心原点上我们还没有把"以利他心度人生"当成自己真正不可动摇的信念；接下来，面对为什么做不到"每天进步一点点"，继续向下一步找原因，又回到了"明确人生的目的和意义"上。如果不能正面、清晰地回答"人为什么活着"这个问题，那么，面对各种利益的诱惑和顽固习性的牵绊，我们的内心就不可能源源不断地产生内生的力量，来抵御诱惑，战胜顽固习性。

在学习稻盛和夫经营学时，还有一些企业经营者是冲着学习阿米巴经营模式来的。特别是在稻盛先生成功拯救日本航空公司

（以下简称"日航"）后，阿米巴经营模式的名声如日中天，成为许多企业经营者心中解决企业问题的"灵丹妙药"，似乎只要在企业中开展了阿米巴经营，自己的企业就会立刻成为高收益企业。

作为一种独特的经营手法，阿米巴经营模式的导入的确可以让大多数企业立刻产生经营数字的变化——短期内业绩增长，利润大幅提升，但是时间一长，一年甚至半年多，企业的经营业绩就会下降。这时许多经营者就会产生困惑："为什么同样是开展阿米巴经营，稻盛先生的京瓷、KDDI、日航就能实现业绩、利润持续的增长，而自己的企业却做不到呢？"对照图 2-10，我们同样可以找到问题的原因。

首先，找到"开展阿米巴经营"这个节点，向下一步检查自己的企业有没有真正的"依据会计七原则开展数字核算"，如果你的企业还是处于老板不看报表而是拍脑袋、拍胸脯决策，或者虽然有经营数据和报表，但是数据笼统、不准确、更新不及时，那么在开展阿米巴分部门核算时就不可能及时发现经营中存在的各种问题，也找不到解决的方法。穿的是新鞋，走的却是老路，阿米巴经营不可能成功。

接着，从"依据会计七原则开展数字核算"再退后一步找原因。对照图 2-10，我们会发现问题出在"明确事业的目的和意义"上。稻盛和夫说，千万不能像小和尚念经一样喋喋不休地空谈哲学，"只有把哲学转化为数字才是真正的经营"。如果一个经营者真的发心要为全体员工的物心双幸福而经营企业，那么改变企业经营状况的着力点就一定要先落在数字化经营上。只有通过数字检视才能发现问题、解决问题，才可能实现销售最大化，费用最小化，利润最大化。

要想在企业中开展数字化经营，经营者先要改变过去简单、轻松、粗放的管理模式，同时也要投入更多的时间、精力，包括投入相应的资金。这对经营者的心性来说是一个考验，也是检验自己发心够不够真的试金石。

为什么发心还不够真、不够纯？再退后一步找原因，又回到了"明确人生的目的和意义"这个原点上。对照图2-10，我们发现阿米巴经营不成功的另外一个重要原因是企业"开展哲学共有"没有落到实处。阿米巴经营模式的精髓在于通过把企业划分成若干小阿米巴组织，既要直接感受市场的温度，独立自主开展经营，完成各自的小目标，又要共同协作完成企业整体的大目标。因此，如果一个企业没有将"作为人，何谓正确"作为共同的判断基准，没有"追求全体员工物心双幸福"的共同幸福的使命驱动，阿米巴经营就会变成唯利是图的"独立承包制"或者成为流于形式的"部门独立核算制"。这样的阿米巴经营不可能获得长久、持续的成功。

通过对照图2-10，我们刚刚已经推导出企业"开展哲学共有"失败的根源在于"明确人生的目的和意义"这个原点出了问题。因此，找到并明确人生的目的和意义，把"以利他心度人生"当成自己坚定的、不可动摇的人生信念，既是学好稻盛和夫经营学的起点也是终点。

图 2-10 还可以为我们解答在学习稻盛和夫经营学过程中经常遇到的问题。比如，关于企业想要开展阿米巴经营是否一定先要开展哲学共有，这是容易引起争议的问题。对照图 2-10，我们可以很清晰地看到，哲学共有是阿米巴经营成功的前提。另外，也有人问，企业开展数字化经营的前提是不是哲学共有？同样，对照图 2-10，我们可以看到，企业依据会计七原则开展数字核算不需要先哲学共有，只要企业重新确立了正确的经营理念，有了经营的大义名分，就可以开展数字化经营，而且只要这样做了，企业的经营结果就一定会向好的方向改变。

2010 年 2 月，稻盛和夫应日本政府的再三请求，就任已宣布破产的日航的会长，稻盛先生到日航后干的第一件事就是重新确立了日航的使命："日航集团要追求全体员工物质和精神两方面的幸福。"在此基础上，稻盛和夫在日航一方面开展中高层的哲学教育，编制《日航哲学手册》；另一方面，围绕"销售最大化，费用最小化"每月召开"业绩报告会"，通过利润表的月度检视开始在日航各部门开展数字化经营。仅一年多的时间，此前一直亏损的日航就取得了 1884 亿日元的营业利润，变身为世界航空领域收益最高的企业。直到第二年的 4 月，稻盛先生才开始在日航导入阿米巴经营。因此，企业开展数字化经营的前提不是必须实现哲学共有，只要确立了正确的经营理念和符合大义名分的企业使命，数字化经营和开展哲学共有就可以同步进行，彼此相互影响、相互拉动，从而实现企业快速发展。

为了帮助广大读者更好地理解和应用稻盛和夫经营学学习成

长路径图，针对"九宫格"的每个节点，我们又给予进一步的诠释，便于大家在学习时更准确地把握每个节点应用的关键（见图2-11）。本书的第三章、第四章、第五章将对成长路径图中每个节点如何理解和应用做详细解读。

		人生哲学	经营哲学	经营实学
实证	要点	持续净化心灵	哲学血肉化	创造高收益
	诠释	• 以心修行 • 确立更高的生命观	• 内化于心，信念不退 • 外化于行，脑知变心知	通过不断完善阿米巴经营体系，持续挑战高目标，实现企业持续创造高收益
笃行	要点	每天进步一点点	开展哲学共有	开展阿米巴经营
	诠释	• 以行修心 • 用六项精进为修身的方法	率先垂范，全员参与	通过阿米巴核算（或精细化核算）、人事评价、人才教育体系的构建，形成完整的阿米巴经营体系，带领全员挑战高目标，创造高收益
坚信	要点	明确人生的目的和意义	明确事业的目的和意义	依据会计七原则开展数字核算
	诠释	• 找到人生的使命 • 确立利他的人生观	确立具有大义名分的企业使命、经营理念	通过准确、及时、细分的经营数字，在企业中开展月度数字经营分析会

图 2-11　稻盛和夫经营学成长路径详解

第三章

学习成长路径详解

人生哲学

明确人生的目的和意义

稻盛和夫在《活法》开篇就提出要在"混乱的时代中追问人生的意义"，向读者提出一个根本且严肃的问题："人为什么活着？"

可是，有多少人认真思考过这个问题呢？

有的人对此问题不屑一顾，有的人觉得它和自己追求的人生幸福没有任何关系，有的人终其一生可能也没想过类似的问题，大多数人每天思考的多是如何解决眼下的困境或如何实现既定的目标。

但稻盛和夫说："必须从正面来回答这个问题，从而确立一种'哲学'，作为我们人生的指针。"在稻盛先生看来，只有清楚了"人为什么活着"，才能明白人生的目的和意义，才能找到人生的终极目标。以终为始，这样，不但能帮助我们看清当下的烦恼、摆脱眼前的困境，还能让我们获得长远的幸福和事业的兴盛。

有人觉得大千世界，熙熙攘攘，不同的人会有不同的活法，对"人为什么活着"这个问题，每个人的答案可能都不一样，因此，这个问题没有标准答案。但稻盛和夫通过自己八九十年的观察和思考，无比坚定地相信：每个人来到这个世界都是因浩瀚宇宙的需要而存在，每个人都有自己的价值，虽然每个人身份、地位不同，但只不过是在扮演不同的角色，所谓"才能"也不过是上天所赐，并不值得炫耀。

稻盛和夫认为，每个人都是带着任务来到世间的。

人类具备知性和理性，带着满怀爱和同情的心以及灵魂降生于地球——正因为"人为万物之灵"，所以上苍赋予了人类极为重大的任务。

——摘自《活法》

这个重大的任务又是什么呢？

稻盛和夫说：

森罗万象所有事物都要生长发展，一切生物都要朝善的方向前进——这就是宇宙的意志……因此，遵循这莫大的意志（爱），采取与之协调的思维方式和生活方式，就比什么都重要。

——摘自《活法》

作为"万物之灵"的人类，每个人都肩负着同样重要的任务，都需要遵循宇宙的意志，以"爱、真诚、和谐"之心为社会、为世人做贡献，从而促进宇宙间森罗万象、一切事物生长发展。简单来讲，就是要以利他心度人生，这就是我们生而为人的使命。

如果我们能够很好地完成这个使命，上天就会给予我们回报，对此，稻盛和夫这样说：

只要秉持与宇宙意志相同的思维方式和生活方式，工作就一定会顺畅，人生就一定能幸福。

——摘自《活法》

持有以上观点的不止稻盛和夫一人，"日本经营之神"松下幸之助也认为，既然宇宙赋予人类"支配运用万物的王者素质"，人类也就应该负有王者之道的责任。松下幸之助说，"人类必须清楚地认识天赋的卓绝本质和伟大的使命"，遵循自然理法，遵循宇宙的秩序。

世间的一切事物没有一刻是静止的，它不断在运动，不断在变化。这种运动和变化是随着自然法则进行的，是不可动摇的宇宙哲理。

——摘自《松下幸之助为人之道》

松下幸之助认为"生成发展"就是宇宙的真理、宇宙的秩序，他认为宇宙间存在这样一种力量：

宇宙本源的力量通过宇宙的秩序（法则）给予我们人类无限的繁荣。我们人类只要老老实实地顺应这一宇宙的秩序就可以得到繁荣，相反，如果我们悖逆了它，那即便得到了一时的繁荣，以后也会产生各种问题，到最后仍然会山穷水尽、走投无路。这就是自然法则，是天地自然之理。

——摘自《天心：松下幸之助的哲学》

这两位智者都是基于自己八九十年经营人生、事业的经验，以及对宇宙自然的观察和思考，在人生智慧到达顶峰时得出了几乎一致的结论：每个人来到这世间都有任务、有使命，必须遵循"宇宙的意志"或"宇宙的秩序"，努力地促使一切生物生长发展。

中国的儒释道文化，其思想精华也无不是古圣先贤通过对大自然及自身的观察和思考所感悟到的："天行健，君子以自强不息；地势坤，君子以厚德载物""仁者乐山，智者乐水""上善若水，水善利万物而不争""人法地，地法天，天法道，道法自然"等。虽然时代在发展，但人性如山岳一般古老难变，天地自然运行的规律亦不变，古圣先贤的告诫犹在耳边："顺天者昌，逆天者亡。"

这个"天"就是"宇宙的意志""宇宙的秩序"，就是"天地之道"，就是以"爱、真诚、和谐"之心为社会、为世人做贡献，从而促进宇宙间森罗万象、一切事物生长发展，就是要以利他心度人生。

当我们顺应了这个"天"，人生、事业就会逐渐走向繁荣昌盛；反之，如果我们悖逆了这个"天"，不管当下的人生、事业状况如何，最终必将走向衰亡。

　　遗憾的是，从呱呱坠地到离开这个世界，很多人从没有觉悟自己是带着任务来到这个世界的，是有使命的，是为了把更多的"爱、真诚、和谐"带给这个世界；相反，他们总是不断地向周围的人索取、向这个世界索取，不断地想要得到，起心动念处都是自己，都是"我要"，很少把他人的需要和幸福放在心上。可叹的是结果往往和他们想要的是相反的，他们的人生仍然在不断地"重复着过去的故事"，在相似的烦恼和痛苦中循环。因此，当我们再一次面对"人为什么活着""人生的目的和意义是什么"的问题时，找到人生的使命，确立利他的人生观，以利他心度人生就不再是"要"或"不要"的人生选择题，而是人生的必选题。明白人生的目的和意义、找到人生的使命并践行使命的过程就是持续提高心性的过程，就是实现从明明德到亲民再到止于至善的生命不断升华的过程。

每天进步一点点

当我们找到了人生的使命，确立了利他的人生观，下决心要以利他心度人生后，必将遇到重重困难，几十年随着本能的利己之心而养成的各种顽固习性就像一层层厚厚的、坚硬的壳，很难打破，往往是知道但做不到。

不少经营者学习稻盛和夫经营学多年，但无论个人还是企业仍然变化不大，仍在低谷中苦苦挣扎，问他们认不认同稻盛和夫的经营理念，他们中的大部分人会回答："了解并非常认同。"可一旦工作中、生活中遇到与自己的利益、喜好相冲突的事情，他们就会把稻盛先生教授的要"付出不亚于任何人的努力""积善行，思利他"等抛之脑后，习惯性地依从利己的本能，做出符合自己利益和喜好的判断，于是人生就会继续沿着固有的轨迹前行。

稻盛和夫说"知而不行不是真知"，只是脑知。真知乃心知，真知就一定会真行。那么，怎样才能把脑知变成心知呢？

对经营者来说，这其实也没那么难，只要按照稻盛先生说的，把工作当成磨炼心性的道场即可。

今天比昨天做得好，明天又比今天做得好，每一大都付出真挚的努力、不懈的工作、扎实的行动、诚恳的修道，在这样的过程中就体现了我们人生的目的和价值。

——摘自《活法》

简单地说，就是事上磨炼，每天进步一点点，以行修心，即儒家《大学》八条目中的"格物""致知"。

想要每天进步一点点，最好的磨炼方法就是稻盛和夫提出的"六项精进"。

1. 付出不亚于任何人的努力。

2. 要谦虚，不要骄傲。

3. 要每天反省。

4. 活着，就要感谢。

5. 积善行，思利他。

6. 不要有感性的烦恼。

面对生活和工作，无论自己的能力出色还是平庸，无论当下的事业成功还是失败，无论身处顺境还是逆境，每每做事，都能用这六条准则鞭策自己、激励自己、要求自己，就能每天进步一点点。步子无须太大（太大往往不长久），慢慢积累，久久为功，逐渐地，心灵深处包裹着真我的外壳就会融化，良知就会显现，就会和宇宙的意志协调一致。

稻盛和夫说：

如果你想拥有幸福、美好、平和的人生，如果你想把你的企业经营得有声有色，如果你想让你公司的员工幸福快乐，那么，你就忠实地实践"六项精进"吧。

——摘自《六项精进》

在稻盛和夫看来，无论搞好企业经营，还是度过美好人生，"六项精进"都是必须遵守的基本条件。

如果我们每天都能持续实践"六项精进"，我们的人生必将更加美好，美好的程度将超过我们自己的能力和想象。事实上，我的人生就是这样的。

——摘自《六项精进》

稻盛和夫 27 岁创业时就立志将企业打造成京都第一、日本第一、世界第一，但是我想，那时的稻盛先生也不敢拍着胸脯说自己已具备将企业打造成世界第一的能力和水平，但最终，无论京瓷还是 KDDI，其发展和成长速度都远远超出了他当时的能力和想象，因为稻盛先生终其一生都在持续地实践"六项精进"。

有些经营者可能会说，就这样事上磨炼，每天进步一点点地提高心性太慢了，企业的许多问题亟待解决，远水解不了近渴。

又快又好地解决问题是每个经营者的希望，但什么才是真的快和好呢？头痛医头，脚痛医脚，看似立竿见影，但医治的效果往往不可持续，也无法从根源上解决问题。

稻盛和夫表示要将企业打造成世界第一的时候，员工们也疑惑："每天重复这琐碎的工作，成为世界第一要等到何年何月？"但稻盛和夫说："人生就是今天的不断积累，就是现在这一刻的不断延续，如此而已。此刻这一秒的积累就是一天，今天这一天的积累就是一周、一月、一年。当意识到的时候，我们已经登上了原以为高不可攀的山顶——这就是我们人生的状态。"

相信很多人看过以下两个公式：

$$1.01^{365} \approx 37.78 \qquad 0.99^{365} \approx 0.03$$

从 1 开始，只要每天进步 0.01，连续一年下来就可以实现 36.78 倍的增长。也许我们很难像稻盛和夫一样做到每天都进步 0.01，但即使做不到 365 天每天进步一点点，265 天、165 天，哪怕只是 65 天进步一点点（$1.01^{65} \approx 1.91$），我们的能力和心性也可以实现飞跃性的提升。

在盛和塾，我看到许多优秀塾员，坚持每天学习分享稻盛和夫经营学，并持续地在企业里落地践行。基本上只需要三年，无论经营者本人还是企业都会发生巨大的改变。就像稻盛和夫说的那样，不知不觉中登上旁人难以企及的山峰。有些特别认真笃行稻盛和夫经营学的塾员，其企业甚至在短短的一年内就发生了不可思议的巨大变化，这样的案例在盛和塾里不胜枚举。

每天进步一点点的关键在于坚持长期主义，学会做时间的朋友，慢就是快，只要持续努力，就一定可以化平凡为非凡。

持续净化心灵

每天进步一点点的落脚点在于事上磨炼，以行修心，将"六项精进"作为事上磨炼的方法来净化自己的心灵，以此逐渐打破包裹在真我外面那层名为本能和习性的外壳。

在盛和塾，通过参加塾内举办的各项学习活动，通过周围塾友的践行感悟发表和分享，大家内心会充满信心，就会鼓足勇气和力量去践行"六项精进"。

但是，作为经营者的我们每天经营中所见所闻的各类负面现象、经营时遇到的困难，还有对抗自我习性时遭遇的反弹，都会大大消耗我们内心的能量，用不了两三个月，我们的心性就会回到原有的样子，重新陷入傲慢、愤怒、贪婪、自私之中，不能自拔。

因此，在以行修心的同时，我们还要通过不断净化自己的心灵提升内心的能量，以此推动"六项精进"的持续践行，要以心修行。那么，如何才能修好自己这颗心呢？稻盛和夫在他的收官之作《心：稻盛和夫的一生嘱托》的最后一章"培育美好心根"

中，把磨炼心性、提升人格的修心方法完整地传授给了大家，我把它总结为日读书、日反省、日静心，简称"修心三要诀"。

● 日读书

通过读稻盛和夫的自传，我们了解到稻盛和夫幼时在病中领悟"心不唤物物不至"的道理；随父亲隐蔽念佛时，被法师肯定，并且学会了随时随地说"南曼、南曼，谢谢"；创业之初，就悟到了"作为人，何谓正确"的判断基准，并总结出人生方程式。

我一直认为稻盛和夫是一个生而知之的人，直到读了他的《心：稻盛和夫的一生嘱托》才发现，虽然稻盛先生在年轻的时候就已经具备比较成熟的哲学思想和较高的心灵修持水平，但创立京瓷之初，如何调动大家的工作热情，如何掌握大家的心，仍令他困扰。面对部下，他同样也有很多烦恼，他意识到问题出在自己身上：自己的人格还不够高，还没有获得大家的信任。所以不管口头如何强调"让我们共同努力吧"，他还是激励不了部下。稻盛和夫说：

当我想到这一点以后，我就开始为提升自己的人格而学习哲学，开始每天读书学习。

因为我的起点很低，开始学习的时间又比别人晚了很多，所以不得不拼命努力。而且，因为只能在下班后的有限时间里读书，所以效果也往往难如人意。

尽管如此，我还是在枕边堆放了很多与哲学及宗教相关的书籍，不管多么忙碌，多么疲劳，在每天入睡前，我都会拿起书本，哪怕只读上一两页。这样读进度虽然缓慢，但我总是聚精会神。读到有感触的地方，就会用红笔画线，反复咀嚼。

就像乌龟爬行一样，一步一步为了磨炼心性，提升人格，持续接地气地、朴实地努力。

——摘自《心：稻盛和夫的一生嘱托》

每天读书是稻盛和夫修心的重要方法，虽然进步像乌龟爬行一样慢，但心灵的修持需要一步一个脚印、踏实地落到心上（见图 3-1）。

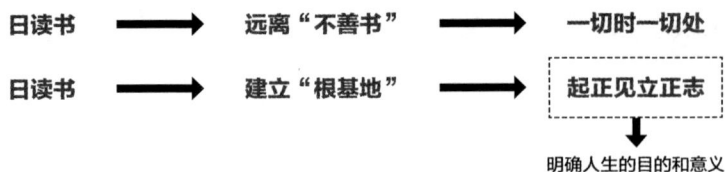

日读书 ➡ 远离"不善书" ➡ 一切时一切处

日读书 ➡ 建立"根基地" ➡ 起正见立正志

明确人生的目的和意义

图 3-1 稻盛和夫修心的方法：日读书

日读书有三个要点，第一，远离一切"不善书"。所谓"不善书"，尤其要当心当下泛滥的互联网信息。在人工智能、大数据、物联网技术飞速发展的今天，通过算法加大数据技术，网络平台可以推算出受众的兴趣爱好，我们会发现自己喜欢什么，它们就会给我们推送什么，我们在不知不觉中就掉入了信息茧房。两千五百多年前，老子在《道德经》中描绘的场景仿佛再现："五色令人目盲，五音令人耳聋，五味令人口爽，驰骋畋猎令人心发狂，难得之货令人行妨。"眼花缭乱的互联网信息不仅损坏了我们的视力，令我们目盲，更是让我们心盲，近在咫尺的亲人却视而不见，互联网上各类声色刺激令我们的心像脱缰的野马一般狂奔，让我们看不清事物的真相和规律，这些"不善书"令我们的心一刻也停不下来，不断地向外抓取，随着欲望不断坠落。

远离"不善书"并不是不看手机、不上网，而是要警惕容易勾起我们欲望的各类信息，因为我们的心贪恋什么就会被什么所系。

第二，一切时一切处地读书。盛和塾塾员每天都要被"逼"着拿出一些时间来读书，打卡写心得。有的塾员不仅每天要在塾里读书，还要在企业里和员工一起读书，有时一天要读两三本书。

有的人抱怨书读得太多，没有用，甚至嫌每天读书很烦，却不曾想过，每天拿出十几分钟甚至几十分钟读正确的书觉得很烦，但在本能和习性的驱使下，每天大部分时间都在不断地重复错误，甚至梦中都还在追逐着欲望，却从没有觉得烦。

我的一位老师曾说："一天 24 小时，一个人如果能够持续每天超过一半的时间保持正念，那么他的人生将会发生逆转。"

稻盛和夫也经常引用英国著名思想家詹姆斯·埃伦（James Allen）在《原因与结果法则》一书中关于心灵的描述："人的心灵像庭院，既可理智地耕耘，也可放任它荒芜，不管是耕耘还是荒芜，庭院都不会空白。如果自己的庭院里没有播种美丽的花草，那么无数杂草的种子必将飞落，茂盛的杂草将占满你的庭院。"在稻盛先生看来，人生种种都是"心"的投影，如果人们忽视了对心灵花园的养护，心中就会长出不纯洁、不正确的东西。

每天花一点点时间读稻盛先生的书觉得烦，就像园丁每天连花一些时间在花园里播撒一些鲜花的种子都不愿意，却又奢望看见满园芬芳。只有一切时一切处地读正确的书，我们的人生、事业才有可能朝着积极、正向的方向发展。

那么，怎样读书才称得上"一切时一切处地读书"呢？稻盛和夫给我们做了很好的示范。他在《斗魂：稻盛和夫的成功热情》一书中描述道：

我甚至在浴池里也读书。周末有闲暇时，整日读书是我的嗜好。你或许认为繁忙就无暇读书，但我想，不管在哪里，都可以在有限的时间里抽出哪怕几分钟，翻开一本好书，读一篇好文章，因此有所感悟。

什么是一切处？不管在哪里，不管多累、多疲劳，甚至在浴室、床边。什么是一切时？"在有限的时间里抽出哪怕几分钟""周末有闲暇时，整日读书是我的嗜好""每天入睡前，我都会拿起书本，哪怕只读上一两页"。很多人抱怨自己没有时间和机会读书，但我们有稻盛和夫忙吗？其实，我们是一边抱怨没有时间读书，一边把大量的时间投注到"不善书"里。

第三，将心注入，熟读精读。在盛和塾，一些塾员抱怨"我已经把稻盛和夫的书读了好几遍，总读一本书太没意思了"，也有人说稻盛和夫的书很多，但好多内容都是重复的，不需要读那么多。

我认为，这么想的人并没有真正读懂稻盛和夫的书，只是把他的书当成一种知识，是在用脑读而不是用心读。当我们的内心还在不断追逐"新鲜""有意思"，而不愿意重复正确时，就说明我们的心还不在"道"上。

再看稻盛和夫是如何做的。

当我读到好的有关宗教、哲学等书籍，深受感动时，我的心情久久无法平静，往往不忍心再往下读，或者用红笔画线，有时甚至仅仅读一页书就要花费 30 到 40 分钟的时间。这种接受思想冲击的读书方法，我认为是必要的。要一遍又一遍，反复阅读，熟读精读，感动之余，甚至舍不得翻过这一页。读书只有达到如此入迷的状态，书中的思想和语言，才有可能在日常工作中使用。哪怕鹦鹉学舌也可以。

——摘自《将哲学血肉化：在盛和塾应该如何学习》

文字里自有能量，一本好书更是充满能量。它既可以让我们泪流满面，也可以让我们会心而笑；它既可以令我们心潮澎湃，也可以让我们陷入沉思。只有像稻盛和夫这样将心注入书，熟读精读，才能真正接收书中的能量，也才能在日常工作中运用书中的思想。

为什么一切时一切处地读好书，就能帮助我们磨炼心性、提升人格呢？

第一，一切时一切处地读好书可以帮助我们在内心建立"根基地"。许多人学了很长时间的稻盛和夫经营学，也明白了要坚守"作为人，何谓正确"的判断基准，可一旦遇到与自己利益、喜好相冲突的事情就被打回原形，丢盔弃甲，像流寇一般四处流荡。为什么？就是因为心无定处，内心没有"根基地"。日读书的过程就是在我们内心建立"根基地"的过程，通过持续和反复地阅读，一本好书、一段饱含能量的文字就像一个个堡垒，渐渐地在心中落地生根并连接起来形成一块块坚固的"根基地"，当我们内心有了"根基地"，再遇到和自己利益、喜好相冲突的事情时，就可以退守"根基地"，心就可以定住，内心会保持清明，"作为人，何谓正确"的判断基准就可以坚守，在重大问题上就不会犯下根本性和方向性错误。

第二，一切时一切处地读好书可以帮助我们生起正见。所谓"正见"，是指正确的知见。稻盛和夫的人生哲学教给我们，最根本的"正见"是以"爱、真诚、和谐"之心为社会、为世人做贡献，以利他心度人生，这是人生获得幸福、远离痛苦的根本之道。但仅仅懂得这个道理不叫正见，只能说有了正见的知识，而不是真正地生起了正见。生起正见意味着能够坚定地依道奉行，而把正见的知识转化为正见的重要途径，就是通过一切时一切处地反复熟读、精读好书，将每天的注意力尽可能多地投注到这些能够引发我们反复思择和强化正见的内容中。

有了注意力和思考力才会引发行动力，从小事、平常事、身边事开始利他，把为社会、为世人做贡献的宏大志愿真正落实到行动中，志愿只有在行动中才能真正地立起来，否则只是口号。因此，日读书可以帮助我们"起正见立正志"。

● 日反省

在《心：稻盛和夫的一生嘱托》的最后一章"培育美好心根"中，稻盛和夫说："无论何时，都要修心，不管是一帆风顺之时，还是人生事与愿违之时，我们都必须不断自我反省，决不能忽略了对心灵的修持。"同时，稻盛先生还说："要做到每天反省，我们就始终不能忘却自省之心，以谦虚的心态检点自己每天的行为；也始终不能忘记克己之心，以克制不断滋生的傲慢……反省自己，不断修正，让自己始终保持正确的方向，这样做，就能在不知不觉中磨炼灵魂，提升心性。"

通过日读书，稻盛先生说自己就像乌龟爬行一样一步一步地磨炼心性，提升人格；通过日反省，稻盛先生说自己可以在不知不觉中磨炼灵魂，提升心性。曹岫云老师在为《稻盛和夫如是说》所作的译者序《关键在于一把手的自律》中说："反省是稻盛先生一生的宝贵经验。"

稻盛和夫在《领导者的资质》一书中写道：

我认为，为了提高和维持人格，有两条准则十分重要：一条是要反反复复学习优秀的哲学；另一条是要天天自我反省。这两条必不可缺。

反反复复学习优秀的哲学就是日读书，天天自我反省就是日反省。要做到日反省，最好的办法就是学习稻盛先生的反省方式。对此，稻盛先生说：

从年轻时起，我就养成了每天早上边洗脸边反省的习惯。最近，不仅在早晨，我还会在晚上临睡前反省。哪怕喝了酒，我仍然会在入睡前履行这个"仪式"。发出声音念叨："神啊，对不起！"这便是我的反省方式。

——摘自《京瓷哲学：人生与经营的原点》

像稻盛和夫这样每天在固定时间、固定地点，用固定形式进行反省，使反省成为一种固定的仪式，是坚持日反省最好的方式。

反省时要对照自己一天的所思所想、说过的话和所作所为，因为人的错误只有三个来源，即自己的思想、语言和行为。

我们要反省自己一天的行为，有没有"付出不亚于任何人的努力"，有没有"积善行，思利他"，有没有伤害他人，有没有做不道德的事；与此同时，要反省自己今天有没有说感谢的语言，有没有辱骂别人，有没有欺骗和撒谎。

反省就是真诚地和自己对话，勇敢地承认错误并发愿改正。

日反省是让我们人生、事业的方向不偏离正道的重要保障。如果我们把日读书比喻成在自己内心建立一块块"根基地"，那么，日反省就是帮助我们巩固"根基地"（见图 3-2）。

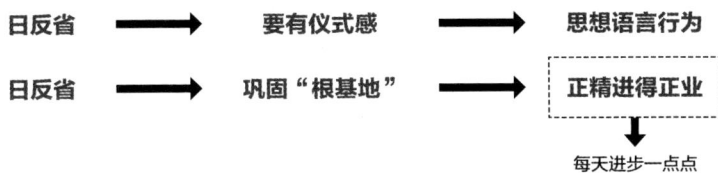

日反省　➡　要有仪式感　➡　思想语言行为

日反省　➡　巩固"根基地"　➡　正精进得正业

　　　　　　　　　　　　　　　　　　⬇

　　　　　　　　　　　　　　　　每天进步一点点

图 3-2　稻盛和夫修心的方法：日反省

人性中本能的贪、嗔、痴、慢、疑，会让人渐渐养成不同的、难以断除的顽固不良习性，虽然我们有了内心的"根基地"，但这个"根基地"并不坚固。每一个不良习性都是这块"根基地"的薄弱点，是敌人最容易攻进来的地方。贪财的人一定倒在财上，贪色的人一定倒在色上，傲慢的人一定倒在傲慢上……古今中外，多少风云人物最后倒在了自己的习性上。

日反省就是每天对自己内心的"根基地"进行查缺补漏，找到薄弱点并进行修补。通过日反省根除不良习性的过程就是巩固"根基地"的过程，如果内心每一块"根基地"都固若金汤，我们的人生就不会出现重大的方向性错误，我们就不会摔大跟头，实现幸福也只是时间长短而已。

有的人可能会有这样的疑惑，在人生哲学的笃行部分"每天进步一点点"中不是有"六项精进"吗，其中就有"要每天反省"，为什么实证部分"持续净化心灵"还要把日反省当作修心的重要方法呢？

因为，相对于其他五项来说，"六项精进"中的"要每天反省"有两个重要作用：第一，只有通过反省才能觉知自己有没有做到"付出不亚于任何人的努力"，是否做到"要谦虚，不要骄傲""活着，就要感谢""积善行，思利他"，是否产生了"感性的烦恼"；第二，可以保障我们努力和精进的方向不跑偏，这是更重要的作用。有的经营者很努力、很精进，每天也付出了不亚于任何人的努力，可是他努力的目的只是为自己，采取的手段也不符合道德规范，他的企业即使成功也很难持续。若方向错了，越努力，结果就越糟糕、越危险。所以，日反省可以保障我们的精进在正确的方向上，是正精进；可以确保我们的人生、事业走在正确的轨道上，是利国利民的善业、正业，真正让"每天进步一点点"成为可能。

● 日静心

稻盛和夫相信，人心的最深处，存在着被称为"灵魂"的东西，在人心的更深处，在可以称之为核心的部分，存在着"真我"，真我是心灵最为纯粹、最为美好的部分。他在《心：稻盛和夫的一生嘱托》的最后一章"培育美好心根"中也表达过这样的观点。

在灵魂的核心处，存在着人的心灵中最为纯粹、崇高和美好的真我。那是令人惊叹的"真善美"的世界，充满了爱与和谐。真我这种存在，与使万物之所以成为万物的那个"唯一的存在"完全一致，是同一种存在。

所谓"真我"，就是森罗万象一切事物最本源的"宇宙之心"本身，所以，在那里描绘的东西，很快就会在现实世界中，以具体的形象显现出来。就是说，任何事情都能够实现。

这段话，简单地说就是"心想事成"。

稻盛和夫在"培育美好心根"一章中讲述了两个人的故事，一个是他自己的。他曾因工作需要常常去日本各地，甚至海外出差，经常是到达目的地之前那里还风雨交加，而到达后就晴空万里，逗留期间也都是阳光灿烂的好天气，但等他坐上飞机，飞机一升空，当地的天气马上又乌云笼罩。由于这样的情景多次发生，大家便称稻盛和夫为"背着太阳行走"的人。有意思的是，这个"魔法"似乎仅在他工作时才应验，像旅游这样的私人行程，这种情况就不会出现。

另一个是日本近代著名人物中村天风的故事。[1] 中村天风曾在青年时期身患肺结核，身体一度虚弱不堪。为了治愈结核病，他远渡重洋，在美国学医，之后又前往欧洲，拜访著名的心理学家和哲学家，但最终未能如愿。失意之中，他从马赛港坐上了回日本的轮船。在回日本途中，中村天风偶遇印度圣人卡里阿帕，并追随他去印度修行。据说，他在那里开悟了。开悟后的中村天风不仅病愈，回国后还当上了银行行长，取得巨大的成功。

意大利某知名驯兽师曾到访日本，一看到中村天风的面容就说："这个人即使进入猛兽的笼子也不会有事。"接着，他们来到一个关着三头未经驯化的老虎的笼子前。中村天风真的走进笼子，据说里面的三头老虎竟然围着站立的中村天风顺从地趴了下来。

稻盛和夫说："中村天风是到达了所谓'开悟'境界的人，在这样的人身边，会发生一般不可能发生的事情，而且这类故事很多很多。"

当一个人心灵纯粹、了无私心、接近真我时，美好就会呈现。

很多人觉得自己只是一个普通人，很难达到这样的境界。对

---

[1] 本书关于中村天风富有魔幻色彩的传说载于日本的一些书籍，稻盛先生在《心：稻盛和夫的一生嘱托》中对此有过介绍。——编者注

此，稻盛和夫说：

只有磨炼自己的心灵，哪怕是一小步，也要向开悟的状态靠近。这种持续的努力，可以说就是人生本身。

这就是稻盛和夫一贯强调的"人生的目的就在于提高心性，磨炼灵魂"。

如何才能让自己心灵纯粹、接近真我呢？

在稻盛和夫看来，没那么神秘复杂。

冥想也行，坐禅也行，每天用很短的时间就行，让自己的心平静下来。每天获得这片刻的平静，就能够一点一点地接近真我的状态。这么做，就能帮助我们在人生的各个方面收获丰硕的成果。

——摘自《心：稻盛和夫的一生嘱托》

有些经营者学习过禅修或冥想，每天能拿出一定的时间投入其中，这自然很好，但大多数人没有这样的经验。依照稻盛和夫的说法，其实我们只要每天拿出很短的时间让自己的心平静下来就行，5分钟、10分钟都可以。可以试试太极拳、八段锦，伴随着舒缓的动作，让纷繁扰动的心静下来，就是静心；心无旁骛、专心致志地工作，稻盛先生称之为"有意注意"，这也是一种静心；也可以在工作的间隙，把办公室的门关上，手机调成静音，静静地坐下，忘掉繁忙的工作，全然专注于当下。

越是繁忙就越应该抽出时间来明心、静心，否则每天面对各种各样的经营难题，我们很难保持初心，更做不到化繁为简，透过现象看本质，做出正确的判断。因此，稻盛和夫在《京瓷哲学：人生与经营的原点》的最后，也就是第 78 条，把他认为最重要的修心方法传授给了我们。

要想培养这种"化繁为简"的能力，就需要做到"禅定"，禅定即静心，倘若心境杂乱，自然无法把复杂的问题简单化。反之，如坐禅般静心明心，便能以平常心看待事物，从而做到"真髓自见"……在我看来，以静心明心的境界思考事物，是非常重要的修行，至少应该坚持每天一次。

我们要像稻盛和夫一样，把日静心变成一种习惯，让它成为自己每天必须完成的定课。

我们的心就像未经训练的猴子。大家都特别熟悉"心猿意马"这个成语，它形容我们的心就像奔腾的野马那样难以掌控，又像一只在树枝上不断地攀缘的猴子，一刻也停不下来，一会儿想东一会儿想西，思绪瞬息万变。不经训练的心从来都不听从我们的指挥，一颗躁动的、不断向外抓取的心很难真正生发出智慧。

儒家《大学》里有"定、静、安、虑、得"，佛法中有"戒定慧"，慧从定来，而让心听话，让心定下来最好的训练方法之一，就是每天在固定的时间、固定的地点开展静心练习，让它成为我们的定课。

静心、明心的方法有很多，我们既可以通过将心专注于自己的一呼一吸训练，也可以像稻盛和夫那样专心念诵一段能让自己静心的内容。对大多数人来说，我更建议采用稻盛先生的方法，每天拿出一定的时间，通过爱心冥想，用祈愿的方式让自己躁动的心静下来，同时长养自己的关爱之心。

为什么要用这样的方式来明心、静心呢？

稻盛和夫在《领导者的资质》一书中提出，企业领导者应该具备以下五项优秀资质：第一，具备使命感；第二，明确地描述目标并实现目标；第三，不断地挑战新事物；第四，获取众人的信任和尊敬；第五，抱有关爱之心。

稻盛和夫还说："我坚信，一颗亲切的关爱之心，才是领导者应该具备的最根本的资质。只有具备这一条，领导者才能引导集团走上永久的幸福之路。"

在稻盛先生看来，一颗亲切的关爱之心才是领导者最根本的资质。在盛和塾，塾员们学习了稻盛先生的利他经营思想后，大多产生了强烈的共鸣，也想和稻盛先生一样以利他心度人生，但是大多数经营者几十年来在利己心的牵引下，内心充满私利私欲，心里只有自己，很少想到他人，虽然现在有了利他的愿望，但当自己的内心没有装着他人，没有发自内心的对他人的关爱时，所谓的利他心往往就不够真切。

如何长养自己的关爱之心呢？

稻盛和夫在《领导者的资质》中说，领导者要"祈愿部下及其家族都能过上幸福的生活，祈愿交易商、客户、地区、社会、自己周围所有的人生活幸福"。

无论工作多繁忙，如果我们每天都能够拿出 5 分钟、10 分钟坚持爱心冥想，通过专心祈愿的方式来明心、静心，当祈愿结束，推开办公室的门，带着满满的爱再次投入工作时，稻盛先生说："抱着这种深沉的爱去工作，去做事业，就能得到周围人的协助，甚至获得天助，事业一定能顺利进展。"

以祈愿他人幸福的方式日静心可以不断地充盈我们内在的慈爱之心，它会令我们在内心建立的一块块"根基地"不断扩大，当所有"根基地"连成一片时，慈悲万物、关爱众人就会成为我们生命的底色和不可动摇的修养。

稻盛和夫说，每个人的人生都是自己内心的投射。当我们的内心充满爱与光明时，人生与事业自然顺利而圆满，幸福自然来。通过日静心的修持，我们可以逐渐培养出带着爱觉知当下的能力，保持正念。在正念中，遇到和自己的利益、喜好相冲突的情况，我们当下就能定住心，不再以利害得失，而是以一颗亲切的关爱之心，以"作为人，何谓正确"为基准做出智慧的判断，这样的过程就是持续净化心灵的过程（见图 3-3）。

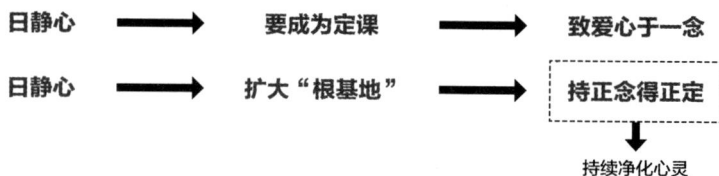

| 日静心 | ➡ | 要成为定课 | ➡ | 致爱心于一念 |
| 日静心 | ➡ | 扩大"根基地" | ➡ | 持正念得正定 |

持续净化心灵

图 3-3 稻盛和夫修心的方法：日静心

通过日读书、日反省和日静心的持续修习，我们对生命的理解和感悟也将不断加深，以利他心度人生，为社会、为世人做贡献将不再是我们人生的终极目的，而只是通向终极目的的必要手段，我们将真正地理解并认同稻盛和夫在《活法》中所说的："人们在磨炼中提升心性，涵养精神，带着比降生时更高层次的灵魂离开人世。我认为这就是人生的目的，除此之外，人生再无别的目的。"宇宙观、生命观决定了人生观。

第四章

学习成长路径详解

经营哲学

明确事业的目的和意义

● 使命即方向

稻盛和夫在《经营者必备的三种力量》一文中指出："为什么办企业，从事这项事业的目的到底是什么？这个问题自己必须想明白，不明白就必须不断自问自答。"

大多数经营者最初创办企业的动机只是实现自己及家庭的美好生活。在稻盛和夫看来，这是人之常情，无可厚非。但是企业经营发展到一定规模时，如果不重新思考经营事业的目的和意义，找到经营企业正确的使命，还只是为了自己个人及家族利益，那么企业就很难成长为中大型企业，即使发展起来了，也很难持续。

在日本流传着这样一句话："中小企业像脓包长不大，一大就破。"如果经营者心里只装着自己，就很难得到他人真心的帮助。企业应该成为社会的公器，为员工谋幸福，为行业谋发展，为社会做贡献，而不只是经营者个人谋利的工具。

稻盛和夫说："宇宙间森罗万象、一切事物，都是浩瀚宇宙生命的一部分，绝不是各自偶然的产物，不管哪一个个体都因宇宙需要而存在……所有的人都由上苍赋予了任务，都在演出各自的角色。"

企业自创立那一刻起，无论从事什么行业，无论规模大小，都是宇宙中的一个存在，都在扮演不同的角色，同样也都被宇宙赋予了重要任务。找到了这个任务就找到了企业存在的目的和意义，也就找到了企业的使命，完成了这个任务就顺应和满足了宇宙向善的意志，也必将从这里产生好的结果，孕育了不起的成果。

如何才能找到企业的使命呢？方法就是找到企业在三种关系中扮演的角色，并且把这个角色扮演好。

第一，企业和员工的关系。经营者需要思考，员工因为我们的企业而更幸福了吗？企业为员工带来的价值是什么？

第二，企业和所在行业的关系。任何一个企业都一定从属于某个特定的行业，这个行业之所以存在，一定是因为它满足了社会某类特定需求。行业的存在推动了社会的进步和发展，因此，我们需要思考自己的企业和所在行业之间的关系。这个行业没有我们的企业行不行？企业为行业、为客户创造的价值是什么？

第三，企业和社会的关系。任何一个企业的存在都离不开社会和国家，没有社会的安定、国家的强大，就不会有各行各业的繁荣兴盛，也不会有企业生存和发展的土壤。因此，每个企业都要思考自己的企业为社会带来的价值是什么？社会因为我们的企业而更美好了吗？

当我们找到了企业扮演的角色并且清楚了角色的任务，就找到了经营事业的目的和意义，也就找到了企业的使命，那就是让员工更幸福，为行业、为客户创造更大的价值，让社会因我们企业的存在而更美好（见图4-1）。

找到自己企业扮演的角色

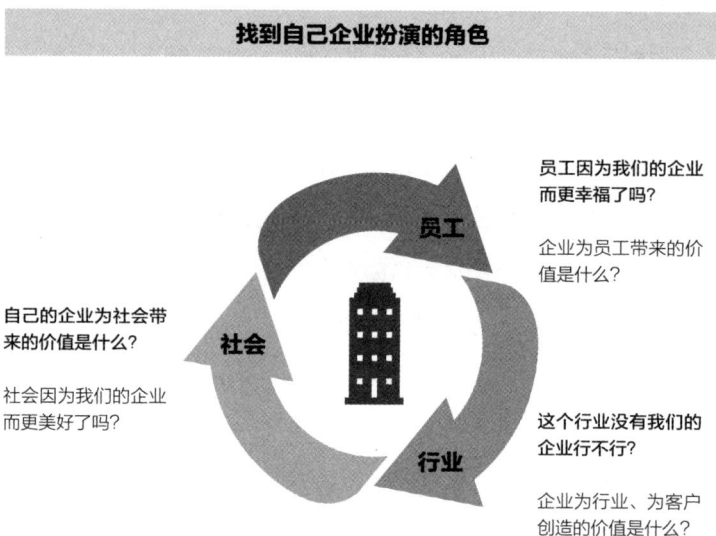

员工因为我们的企业
而更幸福了吗？

企业为员工带来的价值是什么？

自己的企业为社会带来的价值是什么？

社会因为我们的企业而更美好了吗？

这个行业没有我们的企业行不行？

企业为行业、为客户创造的价值是什么？

图 4-1　企业的使命

我们见证了许多曾经辉煌一时、如日中天，但现在已销声匿迹的行业或企业，曾几何时，高档餐饮消费、天价月饼是一种时尚，是一些人相互攀比的消费对象，可是短短几年后，高档餐饮、高档礼品行业渐渐淡出人们的视野，大众消费回归理性，这样的例子不胜枚举，为什么？就是因为这些行业、企业的经营者没有找到自己行业、企业应扮演的角色，以谋求私利私欲为经营导向。

当我们追问为什么高档餐饮行业会遭遇滑铁卢，大多数经营者给出的答案是因为打击贪污腐败现象政策的出台。可原因真的仅仅如此吗？餐饮行业存在的目的和意义，是让百姓都能吃上既健康又美味的食物，而不是个别人的天价消费、暴殄天物。出台政策打击贪污腐败现象只是高档餐饮衰落的导火索，餐饮行业衰落的真正原因是它背离了自己应该秉持的行业使命。

同样，从 2021 年开始，教培行业也遭遇了"寒冬"，不少大型教培机构纷纷宣布大幅裁员，甚至有些中小型教培机构直接倒闭。为什么会这样？大部分人的第一反应是"双减"政策的出台。但试想一下，如果没有大量的行业乱象，培训没有变成牟利的工具，怎么会出台这样的政策？

对行业和企业来说，无论政策的变化还是市场的变化，一切外在因素的变化，改变的只是经营所需要的各种缘（条件），真正决定行业、企业生死存亡和繁盛兴衰的是内在的因（根本），即经营事业的目的和意义。企业的使命决定了企业的未来，经营者只有找到企业的使命，才能找到企业发展的方向，守住使命才能守住企业的未来。

经营者要想在企业中实践稻盛和夫经营学，首要工作是重新思考企业经营的目的和意义，找到经营企业的正确使命，否则无论学了多长时间，企业经营也很难有起色。

有这样一个案例，沈阳盛和塾有一名入塾 10 年的老塾员，他入塾时已经经营企业 15 年。当初他也是怀着一颗追求美好生活的心而创办企业的，企业从无到有再到初具规模，虽然个人的物质生活得到了极大的满足，但他却越来越焦虑，企业发展也遇到了瓶颈，人心涣散，管理混乱，业绩下滑。

这位塾员说，那时的他最怕的就是接听客户的电话，对方不是投诉质量就是抱怨服务，甚至还被一家合作了十几年的老客户拉进了黑名单。那段时间，他常常失眠、掉头发，吃完饭得站着，因为一坐下胃就顶得难受，与家人也不时发生冲突。那时的他身心俱疲，不知道企业下一步应该往哪儿走，也没有幸福感，最大的快乐就是和几个朋友打牌消磨时间，现在回想起来，那时的他就是在逃避。幸运的是，2012 年他在北京出差时买了稻盛和夫的一本著作《活法》，他从飞机上一直读到家里，与书里的内容产生了强烈的共鸣，便主动找到沈阳盛和塾，成为塾员。

加入盛和塾后的几年里，他认真学习，读了大量稻盛和夫的作品，非常认同并接受了稻盛和夫所倡导的利他的人生观，感觉自己找到了生命的目的和意义，过去很多困扰他的难题也慢慢解开了。之后，他让爱人也加入了盛和塾共同学习，家庭关系得到了改善。

这位塾员对盛和塾充满了感恩之情，但他的企业业绩变化不大，年营业收入一直维持在 4000 多万元。那时盛和塾还没有梳理出清晰的学习体系，他不知道如何让稻盛和夫经营学在企业中落地，只能自己边干边摸索。

2015 年年底，在沈阳盛和塾学习 3 年后，这位塾员终于悟到了经营企业的目的和意义是什么，他说："很多员工跟了我十几年，我见证了他们结婚生子，他们中有的是从农村来沈阳打工的，家里的经济条件并不好，父母很难给予资助，有的甚至还要帮父母还债，所以要在沈阳立足、娶妻生子、买房买车，会面临非常大的压力。我自己过上了物质丰富的生活，我希望他们也能够幸福，也能过上富足的生活。"企业第一次有了清晰的使命："追求全体员工物质和精神两方面幸福的同时，为员工搭建持续成长、实现梦想的平台；为客户提供最高品质的工程，最温暖、最有价值的服务；为社会的进步发展做出贡献。"之后，其企业的业绩逐年稳步上升，到 2020 年，产值已突破 1 亿元（见图 4-2）。

（万元）

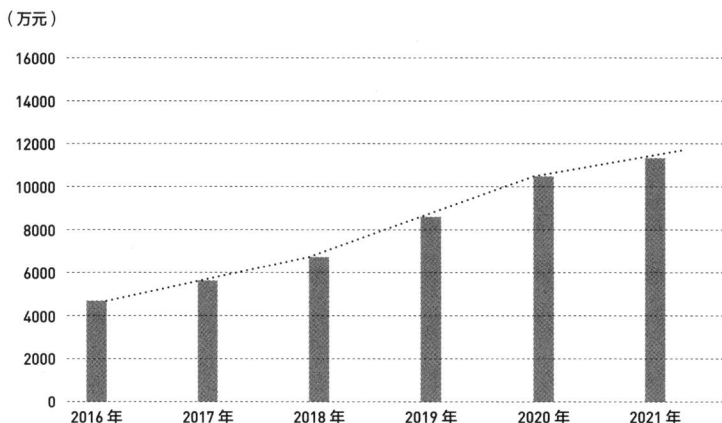

图 4-2　某塾员企业业绩变化趋势图（2016 – 2021 年）

我问这位塾员，身处一个传统行业，是什么力量让他的企业在竞争如此激烈的市场中站稳了脚跟，越办越好。他坚定地回答："是使命的力量。"

他说，在企业找到使命之前，经营企业的唯一目的就是自己挣钱，挣钱与否就是企业的判断基准。只要不违法，怎么挣钱就怎么干，而当老板没有底线时，员工自然更没有底线，其结果就是经营陷入瓶颈。当他真正领悟经营企业的目的和意义后，挣钱与否就不再是企业唯一的判断基准，企业从此有了新的判断基准：关乎员工幸福的事尽力做，有损员工幸福的事坚决不做；提升客户价值的事努力做，降低质量和服务水平的事坚决不能做；还要为国家多做贡献、多交税！

为了把员工幸福落到实处，企业每年拿出一半以上的利润用于支付员工的工资、奖金及各项补充福利，全员收入逐年上升，截至 2020 年，75% 以上的员工年收入超过 10 万元（见图 4-3）。除了增加员工收入，为了让大家安心工作，企业为全体员工交足五险一金，并为员工发放采暖费补助，定期安排体检，还提供了多项福利，比如父母的孝顺金、孩子的教育津贴、直系亲属的困难救助基金、助力提升生活水平的梦想基金、买车买房的免息借贷等。与此同时，企业还不断改善办公环境，重新装修了卫生间、会议室，安装空调，每年都组织员工旅游，从省内到省外。

2020 年 1 月，他的企业召开了 2019 年度总结会，邀请了部分员工家属以及上下游的合作伙伴，他在晚会上向大家宣布了 2020 年的幸福计划，全场掌声雷动、欢声一片。这位塾员说，那一刻是他人生中最幸福的时刻，因为他看到了大家发自内心的笑容。后来，因新冠肺炎疫情席卷全球，他们组织员工出国游的计划延期了。

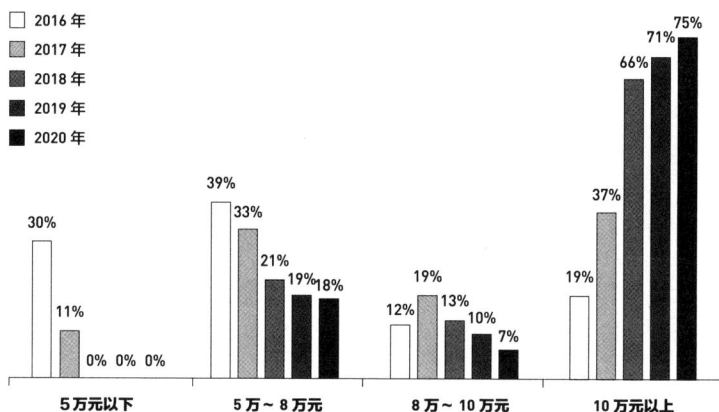

图 4-3　某塾员企业的员工收入变化趋势图（2016 — 2020 年）

　　疫情前，他曾承诺大家涨工资，随着疫情的蔓延，企业的生产经营受到影响，企业中的不少中层管理者认为可以将涨工资一事暂缓，但这位塾员说："虽然今年企业很难，但事关大家的幸福，答应的事就要尽力完成。"

　　一旦员工感受到企业经营者正在为大家的幸福而拼命奋斗，他们会用更努力的态度来回报。一次，企业想去外地拓展一个项目，原本对方并没有太大的合作意愿，说不上两句话就把业务员打发回来了，但负责此事的业务员并没有放弃，他了解到客户每周四晚上过了 6 点就会有一些空闲时间。在接下来的 3 个月里，他每周四下午都乘坐动车前往该地，和客户沟通，最终感动了客户，客户同意安排技术交流，他也赢得了客户的认可。

还有一次，公司接到一个需要在国庆长假实施的项目，该项目工期短、要求高、任务重。项目经理接下任务后，由于孩子在家无人照看，他直接把孩子带到了工地。孩子困了，他就在设备间搭上纸箱，给孩子盖上羽绒服睡觉，没有一句怨言，加班加点、高标准地完成了项目。合作方对此非常满意，决定将之后的项目也交给他的公司。

疫情期间，公司接到了某个保密项目，需要对施工人员进行封闭式管理，需要在项目地持续工作一个月。考虑到员工各有各的家庭困难，这位塾员有些不忍心。员工们却主动宽慰他："没事，咱不是有使命嘛！"这位塾员说，使命不仅让自己的企业渡过了一个又一个的难关，也让每个员工看到使命带来的变化，自己对企业的未来信心倍增。

之后，他又把使命分享给客户。通常，拜访客户，人们会讲一些对方愿意听的事情，但他不自觉地讲了半天自己企业的使命。当回过神时，他发现客户正愣愣地看着自己，他有些不好意思，但客户感受到了他的真诚，充满赞许地点了点头。

每个人的内心都有一份向善的渴求，都容易被善的力量感染。有一次，他们公司参与一家大型地产公司的项目竞标，同时竞争的有国内知名企业下属的大公司，也有掌握各种资源的公司，在考察候选企业时，听这位塾员介绍他经营企业的目的就是实现全体员工的幸福这一理念后，甲方领导对他的企业高度认同，也很受感染，说"这真是一家不一样的公司"。最终，他的企业顺利入围。

这位塾员说，自从有了使命，为了提升项目质量和服务水平，企业专门成立了质量检查部门，设专人监督质量，并编制了《质量管理标准手册》，手册中设定的企业质量标准均高于国家要求。而且手册内容逐年升级，现已升级到 4.0 版。每年，这位塾员都会亲自带队抽检项目的实施状况并进行优质项目评比，同时把评选出的最优项目标准作为下一年的质量达标线。企业通过不断拉高达标线实现了项目质量的大幅提升。

现在该企业的不少项目都凭借打动客户的产品质量和服务延续下来，多年前拉黑这位塾员的合作方，也改变了看法，重新接纳了该企业，并把该企业实施的项目作为其他友商学习的范本。这位塾员说，过去他接到的总是投诉电话，而现在收到的则是一封封表扬信，这几年，其企业缴纳的税款累计超过 2000 万元，这让他特别自豪。

● 使命即战略

正确的使命不仅可以让企业找到正确的发展方向，还能让企业的发展战略变得清晰明确。

2020 年 9 月，这位塾员带着 6 位管理人员参加了在沈阳盛和塾举办的《成功方程式》研讨会。研讨会上提到了稻盛和夫的人生方程式。

在人生方程式中，最重要的是思维方式，它的得分范围在负 100 分到正 100 分，老师特意提了一个问题：在企业经营中，0 分指的是什么？

老师的答案让包括这位塾员在内的很多人大吃一惊："不给客户添麻烦，让客户安心、放心，令客户满意。"

这位塾员重新审视了自己企业的使命——为客户提供最高品质的工程，最温暖、最有价值的服务。对照老师的答案，他发现自己仅仅是 0~20 分的水准。那一刻，他意识到，虽然企业这几年发展顺利，但也仅仅是做了企业该做的事而已，距离 100 分的水准——让客户感动，获得客户尊敬，还有很大差距。当天晚上，他带领管理团队再次思考企业的使命，围绕如何为客户创造更大的价值展开讨论，大家一起回顾了企业这些年来服务的客户，他们发现，一方面，因为服务的客户从事的都是安全管理方面的工作，不能出任何差错，因此他们压力极大，精神常常处在高度紧张的状态，工作强度也非常大，感受不到工作的乐趣和生活的美好。

另一方面，随着信息化、智能化的逐步实现，安全领域的技术进步和产品迭代非常迅速，然而对大多数需求行业来说，最新的技术和产品还没能形成有针对性的场景化落地解决方案。国内具有技术研发能力的头部企业往往将主要精力集中在较大的行业上，对其他需求行业关注不够，而服务这些行业的大多数中小企业，虽然了解客户的需求，却不具备解决问题的技术和能力，因此，无法将最新的安全技术应用到客户具体的工作需求上，就成了该行业的发展瓶颈。

在讨论中，大家意识到，只有解决了这一问题，客户才能真正地轻松下来，同时安全管理的水平也能极大地提升，为国家、为社会做出更大的贡献。讨论到这里，新的企业使命已跃然纸上，2.0版的企业使命就这样出台了——追求全体员工物质和精神两方面幸福的同时，帮助更多行业实现智能化管理升级，让人们的工作和生活更安全、更美好。

企业1.0版的使命完全是从这位塾员自己的内心生发出来的，出自他个人的愿望，但2.0版的企业使命却是他和管理层的共识，是大家的心愿。这位塾员问在场的每一位干部对2.0版企业使命的看法："这个使命是你发自内心想要的吗？"每位干部都坚定地回答："这是我想要的，我们就是要干点让自己感觉有价值的事。"

当企业升级了使命，站在更高的维度思考如何为客户创造更大的价值时，这位塾员也终于找到了过去几年里自己内心经常感到紧张和不安的原因：过去那些年，企业虽然有了使命，但仍然是在一片红海中和友商拼服务、拼质量、拼价格，并没有为客户、为行业创造更大价值的核心技术和能力，随时可能被淘汰。升级了企业使命后，他眼前仿佛突然出现了一片蓝海，只要结合自己企业20多年深耕用户行业所积累的经验，以及企业这几年逐步积累的大数据、物联网和人工智能等软件研发方面的技术，找到客户的真正需求及迫切需要解决的问题，加大企业在技术研发和创新上的投入，让团队真正成为本行业的技术专家，企业就会形成核心竞争力，就会真正帮助客户实现智能化管理升级，为客户创造更大的价值，解决客户的后顾之忧，让更多人的工作和生活更安全、更美好。

使命即战略。那一刻，他对未来充满信心。

使命不仅可以帮助企业找到经营方向、站在更高的维度制定企业战略，而且对各类组织的发展都能起到重要的推动作用。

我是 2013 年加入沈阳盛和塾的，2014 年 5 月被选为沈阳盛和塾第二届理事长。那时，全国盛和塾都处在起步和探索阶段，沈阳塾员很少，只有 60 多名，既没有明确的发展方向，也没有清晰的学习体系，一切都是摸着石头过河。

大家知道盛和塾好、稻盛和夫经营学好，但到底要怎么学、怎么应用呢？不知道。发展盛和塾的目的和意义是什么呢？也不知道。

稻盛先生曾说："为什么办企业，从事这项事业的目的到底是什么？这个问题自己必须想明白，不明白就必须不断自问自答。"

虽然盛和塾是以企业形式运营的学习平台，但其本质是公益性的，我想，稻盛先生的经营原则应该也适用于这个平台，既然我自己想不明白这个问题，就呼吁大家一起想。我把当时理事会的 11 位理事召集到一起，共同讨论沈阳盛和塾存在的目的和意义。就这样，我们一共举行了 3 次研讨会，最后一次是在 2015 年 5 月——稻盛和夫经营哲学上海报告会开幕的前夜。那天，沈阳盛和塾组织了 100 名企业经营者，怀着激动的心情到现场聆听稻盛和夫先生的报告。

当天晚上，全体理事在入住宾馆的会议室就沈阳盛和塾的使命展开最后一次讨论，每一位理事都谈了自己结缘稻盛和夫经营学和加入盛和塾的原因，还谈了在盛和塾当理事义务工作的理由，最后大家发现，虽然每个人经历不同、从事的行业不同、掌管的企业规模不同，但都是在人生或事业遭遇困难时结缘了稻盛和夫经营学和盛和塾，并因为学习了稻盛和夫的理念而有所获益，所以怀着感恩之心自愿担任理事，希望更多的人能像自己一样，从稻盛和夫经营学中受益。就这样，沈阳盛和塾的使命诞生了，我们把它称为"祈愿文"：

愿自己和身边更多的企业家，因为学习稻盛经营学，明白经营事业与人生的目的和意义，提升心性，走出困境，迈向成功，让越来越多的员工和家庭获得幸福，为社会发展和文明进步做出贡献。

为了确保使命落地，我们共同制定了严格的乐捐纪律，规定每月 5 日下午 1 点半召开理事会，缺席 1 次乐捐 10 000 元，迟到 1 次乐捐 1000 元，连续两次缺席，自动退出理事会。

当时每次召开理事会，都有气喘吁吁、踩着点赶来的人，我在任期内总共收到 20 000 元的缺席乐捐款，虽然个别理事因特殊原因无法赶来开会，但也都会带着歉意主动交乐捐款。这样严苛的乐捐制度不是因为我是理事长而要求大家的，是大家自发地说："因为平时工作都比较忙，就怕万一有事耽误，参加不了理事会，可既然我们有了共同的使命，要帮助更多的经营者摆脱困境、迈向成功，那么就必须严格约束自己。"于是大家自发地提出用 10 000 元的乐捐款来自我约束。这是什么力量？是使命的力量。

在这种力量的推动下，沈阳盛和塾进入快速发展期。2014 年年底，塾员达到 100 人；2015 年发展到 200 人；2016 年，沈阳盛和塾作为承办方组织召开了稻盛和夫迄今最后一次来中国参加的经营哲学报告会；到 2016 年年底，我卸任沈阳盛和塾理事长时，塾员已达 323 人，是当年全国塾员人数最多的分塾。

开展哲学共有

稻盛和夫在《企业统治的要诀：成都报告会》中说：

> 为了能与员工心心相通，在确立了企业的愿景、使命之后，接下来各位
> 经营者需要做的，就是讲述自己的哲学，与员工们共有这种哲学……为
> 了实现崇高的企业目的，我准备以这样的思维方式，以这样的哲学来经
> 营企业。我对人生是这么思考的，我打算这样度过自己的人生，我希望
> 与大家一起以这样的态度来度过人生。

● 哲学共有的前提

当经营者找到了企业的使命，发愿要在企业中践行使命，这
时，最需要做的就是带领全体员工一起反复学习正确的经营哲
学，把自己学到的正确的为人之道、经营之道传授给员工，带领
他们一起找寻工作的意义和人生的价值。

要让员工发自真心地认同你、愿意追随你，实现企业哲学共

有，就要确立符合大义的企业使命。大家还记得稻盛和夫经营学成长路径图里的自我诊断方法吗？向前、向上找方向、找动力，向后、向下找原因、找发心。

企业开展哲学共有做不好、做不下去的主要原因有两个：一是企业没有正确的使命；二是经营者本人没有做到每天进步一点点。因此，企业经营者必须努力做到以下三条。

◎ 第一条，率先垂范

无论你读过、听过多么好的道理，如果不亲身实践，就毫无意义。稻盛和夫在《企业统治的要诀：成都报告会》中说："不管你宣讲多么高迈的哲学、思维方式，如果经营者自己不实践，缺乏实践的意志，自己的言行与这种哲学、思维方式背道而驰，那么任何一名员工都不会真心听取经营者的说教，更不会发自内心地想要去付诸实践。"企业开展哲学共有，经营者要做到率先垂范，付出不亚于任何人的努力，认真学习，拼命工作。

◎ 第二条，每日反省

稻盛和夫在《经营为什么需要哲学》中就如何与员工实现哲学共有专门提到，作为经营者"对于哲学，不是能够领会或不能领会的问题，而是随时反思、反省，不断努力去领悟、去体验，这才是最重要的"，经营者不仅要每天对照"六项精进"进行深刻反省，还要在经营的过程中每天对照企业使命，不断反省自己在员工幸福、客户满意方面做得好不好、够不够，进而不断改进。

◎ 第三条，保持谦虚

稻盛和夫在《经营为什么需要哲学》中就如何与员工实现哲学共有特别提到，"还有一点，在企业里实践哲学、希望与员工共有这种哲学的时候，倡导哲学的经营者的姿态很重要"。在他看来，所谓的姿态就是谦虚的态度，他说："越是高层次的哲学，在让年轻员工们学习理解时，越要采取谦虚的态度。讲些豪言壮语，好像自己全都理解了、全都实践了，这种态度在年轻员工们看来，不过是笑柄。"

当我们带领员工一起学习哲学，被员工拿尺子评判的时候，既不要恼羞成怒，也不要无地自容，要坦然承认自己的不足，接受监督，同时要向大家说明，今天企业所倡导的、所学习的对象不是作为经营者的我，而是日本经营之圣稻盛和夫先生，是稻盛先生正确的为人之道和经营之道，希望大家通过共同学习实现人生的幸福与企业的发展。

当经营者确认自己已经做到或者有信心做到这些时，就可以带领员工一起学习、共同实践正确的经营哲学了。要在企业中开展哲学共有，经营者本人学习稻盛和夫经营学时间的长短以及加入盛和塾时间的长短不是关键，关键取决于经营者对于稻盛和夫经营学是否具有坚定的信心以及无论如何也要实现企业哲学共有的决心。

● 如何开展哲学共有

盛和塾在中国帮助企业经营者开展稻盛和夫经营学的学习与
实践已近 15 年，其间涌现了一大批优秀的践行者，他们对如何
在企业中带领员工开展哲学共有积累了大量经验。

企业开展哲学共有的关键是把握以下四个方面。

◎ 第一，循序渐进

许多企业开展哲学共有不成功、半途而废，往往是因为企业
经营者还没有真正想明白为什么要做这件事就急着在企业里开
展运动式的全员学习，这样的学习往往就是一阵风，很快就结束
了，几次学习过后，无论经营者还是员工都不免丧失信心，甚至
彻底放弃。

因此，企业开展哲学共有之前，经营者一定要先问自己，这
么做的目的是什么。既不能头脑一热，也不能把它当成一种工
具。要不断地自问自答："花费这么大精力，带领员工学习，如
果员工不理解、不领情，甚至离开公司，你后不后悔？还愿不愿
意继续干下去？"如果你的回答是"绝不后悔，为了让员工们真
正懂得如何才能度过美好人生，我还要继续干下去"，这才意味
着自己真的想明白了。没想明白就玩命干是"贪"。想明白之后，
就可以根据自己企业的行业属性、员工教育水平、企业文化基础
以及经营状况等实际情况，循序渐进地在企业中开展哲学共有和

企业文化的建设工作。

注意，要杜绝一阵风式的学习，要做好充分的准备工作，先缓后急、先易后难。起初可以由经营者率先垂范，带着员工定期学习，从稻盛和夫的《活法》《干法》《心：稻盛和夫的一生嘱托》开始，给大家讲解书中内容，分享自己学习的心得体会和心路历程。刚开始不要给员工太大压力，让员工跟随就行，同时，经营者要像稻盛和夫那样在各种场合不断给员工们讲述自己学到的正确理念。

待大家慢慢了解和有了兴趣后，再鼓励全员一起读稻盛和夫的书。学习期间，企业经营者要对积极参与的员工予以鼓励和嘉许，通过激励优秀带动他人。当全体员工基本能坚持每天读书时，就可以启动读书打卡分享活动了。

刚开始，企业经营者对员工读书打卡分享活动可以不要求字数，也不强调必须分享自己的心得体会，分享内容摘抄也可以，要让大家慢慢养成用文字总结和表达的习惯，最后把企业文化学习的基本形式定型在全员每天坚持读书、文字分享和相互点评回应上。

从开始带着学，到全员坚持学，这一过程需要的时间可长可短，可以一两年，也可以更长，这需要经营者自己把握。

◎ 第二，全员坚持

哲学共有，顾名思义，一定要带动全体员工共同参与，只有共同参与才能形成足够大的能量场，从而影响和改变企业的文化，塑造崭新的、积极向上的企业文化和氛围，带动全员心性的持续提升。

其中有三个关键点。一是要坚持，无论如何也不要半途而废。稻盛和夫说："只要我们能够持续努力，就一定会化平凡为非凡。"二是经营者在带领全员开展哲学共有的同时，一定要把员工的物质幸福真正落实，让大家真实地感受到经营者为大家谋幸福的利他之心。三是经营者要付出不亚于任何人的努力，积极地投入工作，带领大家提升企业业绩。

前面案例中那位沈阳盛和塾的塾员曾说："我现在最自豪的就是，我可以非常自信地和大家说，我们企业至少 90% 的员工发自真心地认可了企业的哲学理念，认可了稻盛先生传授给我们的做人做事的道理，我们企业已经连续三年基本做到全员每天坚持读书打卡、点评回应，每月开展全员读书分享会。"

他笑着对我说："我们的一些老员工向我'坦白'说，刚开始他们觉得我带他们读书学习是在给他们'洗脑'，觉得有读书的时间还不如多跑点项目，多挣点钱。我要求他们每天读书并录音上传，他们也经常造假，把原来读过的内容改个标题重新发到群里，或者传一段空的录音。我问他们，为什么现在相信我而且也能够坚持学习了呢？他们说，因为发现老板是真心为他们好，而且这么多年下来，企业确实和以前不一样了，越来越好，员工的收入越来越高，福利待遇也越来越好，特别是看到这些年紧跟着老板学习的同事、伙伴都有了巨大的改变和进步，'我们现在是真信了，真的相信这才是对我们最有用的'。"

◎ **第三，有主有次**

全员抓坚持，但重点是抓干部，干部抓使命。在一个企业里，如果各个团队的负责人、干部的思维方式不改变，员工的思想也一定很难改变，相反，如果企业里干部的思维方式改变了，员工的思维方式自然就会跟着发生改变。

稻盛和夫在 2010 年 2 月 1 日就任日航董事长，当年 6 月就组织包括大西社长在内的董事和主要管理者共 52 人开展为期 1 个月、每周 4 次、共 16 次的领导者教育培训。稻盛和夫亲自到场授课，并在培训结束后和大家一起参加空巴[1]。这一行动刚开始遇到了很大的阻力。

当时负责主持该工作的大田嘉仁在《日航的奇迹》中就领导者与管理者的区别说过这样一段话："在监督部下的管理方面，你们可能很了解甚至很擅长，但是，现在日航需要的是，培养能够团结部下并引领他们朝着同一目标前进的领导者。所谓优秀的管理者，遇到困难时可能会思考迂回作战，如果进展不顺利，还可能找借口逃避责任，日航就是因为到处都是这样的管理者才濒临倒闭的。想要让重建成功，需要能够朝着一个目标，不断思考如何统领和鼓舞部下，遇到任何困难都绝不放弃，一路干到底的领导者。从现在开始，我们必须培养这样的领导者。"

---

[1] 该词源于日语，本意类似"喝酒的聚会"，可理解为一种"酒话会"。

参加领导者教育的干部们随着学习次数的增加，思想发生了变化，有人说："这样的集中学习让稻盛先生的思维方式进入我们的头脑里，拿也拿不走了，不管在职场还是在家里，稻盛先生的语言自然而然就会脱口而出。"

受训的干部的思维方式和行动都发生了巨大的改变，用大田嘉仁先生的话说就是"看得见的变化"。他们也直接影响了自己的下属，很多人提出："自己也想早点接受领导者教育，想要听稻盛先生讲课。"直到现在，日航的管理者仍常常说："没有那次领导者教育就没有日航的今天，那一个月确实很辛苦，但正因为接受了领导者教育，我才知道了什么是经营，什么是领导者应有的姿态。"

在盛和塾，同样有大批优秀的塾员企业因为重视企业中干部的思想教育，经营者本人也能够抽出时间亲自带领各级干部共同学习，从而带动了企业快速成长。前面案例中那位沈阳盛和塾的塾员总结企业近五年的变化后，发现有三个里程碑事件：一是 2015 年找到了企业使命；二是 2018 年开始带领企业管理干部集体学习；三是意识到合力的重要性，发现了盛和塾平台的重要性。干部学习首先从稻盛和夫《领导者的资质》学起。在这本书里，稻盛先生提出领导者必须具备五项资质：具备使命感、能明确地描述目标并实现目标、不断地挑战新事物、获取众人的信任和尊敬、抱有关爱之心。

这位塾员说，仅第一项资质"具备使命感"，他和管理层就学了三次。第一次学时，大家都不理解，他们认为："老板您有发心，有使命，要给我们谋幸福，我们很认同，也愿意追随您，但是我们只是公司的管理层，也不是老板，我们要什么使命感啊，我们带领团队完成您要求的目标不就行了吗？"当时他对部下说："你们认为使命只是老板需要有吗？你们看稻盛先生是怎么说的，'各位干部，你们在各自负责的事业部门也应该树立大义名分。这样的话，你们的部下就会觉得，为了实现如此崇高的目的，为了这项事业的发展，哪怕粉身碎骨，我们也在所不辞'。这样，他们就会发挥自己的积极性和创造性，主动把事情办好。"使命感不只是老板需要，每个人都需要使命感，特别是公司管理层，更需要做具有大义名分的事情，应该让自己的生命以及团队所有伙伴的生命更有价值，具备使命感可以让我们更有崇高感，让我们活出生命的意义。就这样，第一次学习，大家理解了为什么公司管理层也要有使命。第二次学习，他布置了作业，要大家找到自己部门的使命和愿景，然后在集体学习会上分享并相互借鉴学习。第三次学习，他要求各部门对自己的使命、愿景达成共识。

使命的力量无比巨大。找到自己部门的使命，看似不大的活动，却带来了超出想象的改变。这位塾员说，当各部门负责人把"追求本部门全体伙伴物质和精神两方面幸福的同时，为企业发展做贡献"作为部门的使命时，不可思议的变化发生了。原来这些部门负责人都是因为个人工作能力突出而被提拔的，他们的任务就是带领团队完成部门指标，个人多得奖金，可当部门有了使命后，追求部门全体伙伴的幸福就成了他们的责任，不知不觉中，部门负责人的责任感和崇高感都得到了极大的提升。这几年每次发年终奖，都会有部门负责人主动拿出自己的部分奖金，将其分给团队中业绩不理想的同事，因为他们觉得自己没有当好领导，而被帮助的同事不仅发自内心地感动于部门领导的利他之心，也下定决心来年要更努力。就这样，团队的凝聚力、战斗力变得越来越强。这位塾员说，如果一个企业中每个部门的领导者都能够这么想、这么做，这个企业不可能发展不好。

◎ 第四，形成合力

所谓形成合力，就是在企业开展哲学共有的过程中，从经营者率先垂范到逐渐培养出自己的左膀右臂，要形成以经营者为中心的核心团队，共同推动哲学共有。

要尽快培养出核心团队，一个有效的方法就是借助盛和塾的力量，把自己的核心高管送进盛和塾学习。通过在盛和塾系统而全面的学习以及塾友间的相互交流和切磋琢磨，他们能快速成长为企业哲学共有的忠实追随者和推动者，与经营者同频共振。

但是各位经营者在把高管送进盛和塾学习之前，一定要问自己两个问题。

第一个问题是，你是否真的相信稻盛和夫经营学，相信这是一条正确的人生之道和经营之道？如果自己还没有完全相信，不妨先在盛和塾沉下心来认认真真学习一段时间。

第二个问题是，你是否已经下定决心要长期在盛和塾学习？

如果自己还没有完全接受盛和塾的学习方式和必须遵守的规则，也建议你再学习一段时间。

我们发现，如果经营者自己都没想清楚以上两个问题，就急急忙忙地把高管送进盛和塾学习，结果往往事与愿违。一种情况是，高管到了盛和塾认真学习，很快提升了心性，但是发现自己的老板并不完全相信稻盛和夫经营学，心性没有什么改变，还像以前一样只考虑自己，他就会觉得这样的老板不值得跟随，于是会辞职而去。还有一种情况，高管在盛和塾学习了一段时间后发现自己的老板并不认真学习，于是自己也不认真学了，没多久就退塾了，这会对企业产生非常不好的影响。

如果你坚定地相信稻盛和夫经营学，而且也有信心能长期坚持学习，就一定要把高管送进盛和塾，他们会很快成为你的助力。

盛和塾不仅是经营者学习成长的平台，也是企业开展哲学共有的最好助力。盛和塾举办的各类学习会、研讨会、分享会、报告会以及优秀标杆企业参访、游学都是助力企业开展哲学共有的道场，企业经营者要学会借助外部的力量。

前面案例中沈阳盛和塾的那位塾员提到，自己企业运用稻盛和夫经营学后出现的第三个里程碑事件，就是意识到了合力的重要性，发现了盛和塾平台的重要性。

他说，以前企业开展哲学共有都是他自己把在盛和塾学到的内容转述给公司的伙伴，虽然也看到很多塾友把企业高管带去参加盛和塾的各种活动，但他总觉得没必要，觉得会耽误公司工作。可是自从 2020 年 9 月，他带着 6 名管理干部参加了《成功方程式》研讨会后，他的想法彻底改变了。三天的研讨会似乎一下子点燃了这 6 名干部，他们真正感受到了使命的力量，协助企业经营者升级了企业的使命。

这位塾员开始思考，为什么自己在企业带着大家学了这么多年的稻盛和夫经营学，激发的能量似乎没有这三天的学习效果大。他发现，这三天的研讨会有专业的老师、优秀的塾友和稻盛和夫经营智慧的流淌，是大家共同打造了一个"高能量的磁场"，这个"高能量的磁场"激发了大家的良知和崇高的使命感。

他觉得自己企业这些年的发展速度不如一些塾友的企业快，就是因为后者学会了借盛和塾各种学习会磁场的力量，快速提升了企业哲学共有的水平。之后，他开始调整学习方式，积极组织公司管理层参加沈阳盛和塾举办的各类学习、参访和游学活动。

2020 年 11 月，第十三届盛和塾全国报告会在河南郑州召开，这位塾员又带了几名管理干部一起参会，并在两天的会议结束后一起开了总结会。大家纷纷表示，通过这次报告会，他们看到了自己企业和其他优秀企业的差距，发现原来优秀的企业不是经营者一个人在发力，而是大家都在参与企业文化的建设和哲学共有，形成了合力。

回到沈阳后，大家就开始自发地向优秀企业学习，成立了员工幸福委员会和企业文化学习小组。这位塾员说，自从有了幸福委和文化小组，企业员工的幸福和文化学习又上了一个台阶。他说，原来企业在员工幸福方面也做了很多，但是员工的反馈是

"老板发心很好，也为我们的幸福做了许多事，但并不都是我们需要的，只有我们自己最知道我们的幸福需要什么"。另外，这么多年，员工生日也好，各种活动也好，往往流于形式，总是感觉温度不够。可是，自从有了幸福委，员工幸福的提升由幸福委征求汇总大家的意见，报公司审核通过后按计划落实，不仅如此，在幸福委的精心组织和安排下，各类关乎员工幸福的活动也越来越用心，越来越温暖了。这位塾员说，在公司没有成立文化学习小组前，这么多年都是他一个人组织安排企业文化学习，虽然读书分享会没有中断过，但因为自己工作很忙，难免沦为形式。自从成立了文化学习小组，每月的分享会都会根据公司各学习小组的具体情况，提前选出当月分享人，每次月度分享会前都要召开至少两次"会前会"，帮助各位分享人改进和完善分享内容。现在，分享会无论质量还是形式都较以前有了非常大的提升，这位塾员说，感觉自己也成了最幸福的人。

哲学血肉化

稻盛和夫说:

要让员工幸福,要为社会奉献,不管你这个愿望多么强烈,但如果企业没有好的业绩,不能确保足够的利润,那就根本不可能实现这个崇高的经营目的。那么,提升企业业绩所必需的经营要诀是什么呢? 只有一条,就是经营者自身要反复学习哲学,将哲学血肉化,并认真实践这种哲学。与此同时,还要努力与员工共同拥有这种哲学,除此之外,没有别的办法。

——摘自《将哲学血肉化:在盛和塾应该如何学习》

一旦我们坚定地走上了带领全体员工开展哲学共有的道路,接下来要做的就是像稻盛先生说的那样,反反复复地带领大家学习,通过开展各种形式的哲学共有,实现哲学血肉化。

那么,什么样的状态才是稻盛和夫认可的血肉化呢?

　　稻盛和夫说：

　　所谓"哲学血肉化"就是不能把哲学仅仅作为知识来理解，必须让哲学渗入自己的血肉之中，无论何时、何地、何种场合，都能自觉地依据哲学采取行动。必须把哲学化为自己的血、化为自己的肉，在人生的各个场合，在日常的企业经营中，随时随地活学活用，如果做不到这一条，在盛和塾学习哲学就没有价值。

　　也就是说，当我们能够做到在生活中、工作中，做每一个判断时，起心动念都是"作为人，何谓正确"，都能够按企业的使命、愿景、价值观以及正确的经营哲学处事，就像割开血管后流出的不再是血，而是正确的哲学思想，此时的状态就能被称作"哲学血肉化"。

　　如何才能做到呢？秘诀只有一条，"通过各种形式的学习活动，带领员工反反复复学习经营哲学"，达到"内化于心，信念不退；外化于行，脑知变心知"的程度。

　　所谓内化于心，就是通过持续不断地在企业里开展读书、打卡、早会、夕会、使命宣讲会、月度分享会、经营发表会、表彰会、空巴等各种形式的学习活动，不断地重复正确的经营理念、使命、愿景、价值观。在持续重复正确的过程中，让正知正见、正确的行为规范如春雨般润物细无声地洒满员工的心田，在不知不觉中提升员工的心性，从而在企业中营造强大的"能量磁场"，形成积极向上的工作氛围，帮助员工逐渐养成正确的行为习惯。

所谓外化于行，其关键是要把正确的发心转化为严格、可量化、可考核的制度，否则再大的发心，再远大的使命、愿景，都将是空中楼阁。绝大多数普通员工通过学习稻盛和夫的经营思想，从"无知"到"有知"，明白并认可了企业的使命和正确的经营理念，但往往刚开始只停留在"脑知"的层面，仅仅是在理性上理解"利他"的经营理念，觉得自己应该这样做。一旦在工作或生活中遇到与自己利益相冲突的事情，或遇到与自己喜好相冲突的事情，他们仍会感到矛盾。

所以，虽然有企业经营者带领全体员工持续学习，但仍然需要严格的制度来倒逼和规范大家的行为，只有通过反复学习和制度引领，才能真正实现哲学血肉化，"脑知"变"心知"。

在制定制度时，要检视每一条制度是否和员工的幸福、成长有关，是否和客户幸福、客户价值的创造有关，如果制度的背后只是经营者的私利私欲，那么这样的制度就不可能获得员工发自内心的认同和遵循。

制度的制定要遵循严格、可量化、可考核的原则，不可考核的制度就等同于没有制度。企业经营需要制定各种各样的制度，其中，建立企业价值观、经营理念的考核制度以及有言实行考核制度是实现哲学血肉化最好的方式之一，围绕企业经营的方方面面，从员工、客户和社会三个维度，将企业价值观和经营理念转化为具体应该遵循的工作行为规范，并且对不同的行为所对应的价值观或经营理念设定量化分值，形成考评标准。

最后，设立有言实行考核制度，帮助员工设立成长目标，实现思维方式的改变和自身价值的提升。在稻盛和夫看来，有言实行是兑现承诺、实现目标的最好方式，因为有言实行意味着你需要大声地向大家宣布目标，在这之后，来自周围和自己的双重压力会促使你振奋，把你逼入非成功不可的境地。稻盛先生认为，像这样给自己设置"枷锁"，正是迈向成功的秘诀。企业通过定期开展价值观、思维方式和有言实行的考核，用制度的力量引领全体员工通过实际行动践行企业的使命和正确的经营理念。在一次次利他的行为中，一颗颗善的种子悄然植入大家的心田，融化进每个人的血肉，净化着大家的心灵。每次考核后，企业可以组织分享会，让优秀员工讲述自己在工作中践行价值观、经营理念的故事，把感人的故事记录下来，形成践行案例，供全员参照学习，通过榜样和标杆的力量影响及带动大家。

第五章

学习成长路径详解

经营实学

依据会计七原则开展数字化经营 [1]

● 数字是经营决策的依据

信息化、智能化浪潮席卷而来，"数字化转型"似乎已经成为企业转型、升级的必由之路。所谓数字化转型，其底层逻辑是利用快速发展的信息化、人工智能、大数据分析等技术，将企业原先在生产、经营和管理中粗放的、滞后的，靠经验和感觉指挥的生产管理、经营决策活动进行优化，通过快速采集并不断细化相关数据，让管理、决策所依据的信息更及时、颗粒度更小，也更容易发现问题点、机会点，再加上人工智能技术让管理的效能、效率不断提升，决策的精准度和及时性更高，极大地提升企业的市场竞争能力和盈利能力。

稻盛和夫在创业之初就敏锐地把握到经营的本质是销售最大

---

[1] 此处的数字化经营是指将企业经营过程中发生的各相关项目进行数字量化。这些数字既是当期经营的目标，同时也是下一期经营策略调整的依据。

化，费用最小化。稻盛和夫说：

每天的销售额是多少，每天在哪里、发生了什么费用、花费了多少，这些数字如果没有正确地掌握，那么，就不知道公司哪里出了问题，就无法采取针对性的改进措施。数字如果不清晰或不正确，就会导致判断失误，导致企业衰败。

在稻盛和夫眼里，一个合格的经营者应该符合这样的标准：

对照利润表中的计算科目，把它们整天放在心头，眼中死盯着数字，飞奔到工作现场，指示部下削减相关经费，削减的结果再在利润表上加以确认。有时，还要快跑到另一个现场，发布新的指示，督促部下扩大销售。这才是经营。所以，如果一片真心诚意想把企业经营好，那么经营者必须争分夺秒，根本无暇旁顾，一心落实经营数字。这就是实践"京瓷哲学"中的"销售最大化，费用最小化"和"每天都进行核算"这两条哲学。

20世纪60年代，计算机应用刚刚开始，为了能够尽快地了解和掌握每天生产部门以及营业部门的订单情况，稻盛和夫不惜代价地组织团队开发了订单管理生产销售系统，使生产部门和营销部门之间的沟通变得顺畅，显著提高了"时间内核算"精度。

稻盛先生在60年前就发明了阿米巴经营模式，在信息化手段相对落后的当时，创造性地通过化小组织的方式快速、精准地掌握大组织各个环节的实时数据，并且充分利用人类追逐数字的本能，通过数字极大地调动了全员的积极性和创造性，大家自主决策、自我完善、自我提升。稻盛和夫之所以能创立两家世界500强企业——日本京瓷、KDDI，并成功拯救日航，核心秘诀就在于用数字经营企业，用准确、及时、细分的经营数字作为经营判断的依据，带领全体员工在不断追逐数字的过程中实现了企业经营能力、盈利能力、创新能力的持续增强，最终成为高收益的企业。

● **数字的力量**

在企业经营中如何开展数字化经营呢？

关键是围绕经营中最重要的三个要素，即收入、费用和效率。大家对收入和费用的了解相对清晰，就是通过不断细分科目，将原来混在一起的各项收入来源和费用支出分得越来越细，从而让每个人都能看清每一笔收入对应的产品、服务、部门，每一笔费用对应的供应商、费用产生部门、费用用途等。它要求在记录每一笔收入和费用的过程中，对原始单据采用一一对应和双重确认的原则，以保证每一个数据的准确和正确。

稻盛和夫在《阿米巴经营带来企业持续发展》中讲到，随着企业规模的不断增大，企业的经营实态越来越难掌握，企业浪费损失的情况也越来越难弄清，这样，企业经营者就无法下手进行必要的经营改善，还有可能在经营决策上发生错误，使好不容易成长起来的企业走上下坡路。

这样的例子层出不穷。稻盛和夫以经营小食品店为例，有一家夫妻经营的小食品店，卖蔬菜、鲜鱼、精肉以及各种加工食品。在这种店里，经营者往往只进行笼统的核算，究竟哪种食品赚了多少，他们大多不太明白。即使统算是挣钱的，实际上，可能只是精肉赚了，蔬菜还是亏的。

如果通过对每天的收入和费用进行分类统计和核算，就会从根本上改进蔬菜经营，同时扩大精肉的经营规模，采取必要的措施改进经营，促进食品店的健康发展。

这就是数字的力量。

数字化经营企业，不仅要在收入和费用的数据上不断进行及时、准确的细化，还要围绕经营中管理效率、工作效率的提升进行量化考核，把过去在管理中看不清、靠感觉、凭经验做决策的习惯升级为将可量化的数字作为决策依据，从而降低管理中盲目决策带来的经营成本和费用。

在企业管理中，所有我们过去认为只能凭经验、靠感觉判断的工作内容都可以数字化。

举一个塾员企业的真实案例。该企业有一个设计部门，由7个人组成，负责公司承接的各类项目方案的设计工作，以前的工作模式是，业务人员接到客户需求后在公司的 OA 平台上开出设计任务单，审核通过后将该任务分配给某一位设计员。随着公司业务的发展，设计任务越来越多，很快就出现任务太多导致设计任务单分配不下去的情况。公司领导现场调研时发现，每位设计员都承接了一个以上的设计任务，似乎都很忙。设计员也很委屈，感觉自己成天都在加班可还是干不完活，并且抱怨自己干得多，同事干得少。

这位塾员说，在学习稻盛和夫经营学之前，遇到这种情况，他至少会再招一到两名设计员，也许内心还觉得挺开心，觉得企业现在发展得挺好，加个人也没关系。可是，自从加入盛和塾，学习了稻盛和夫的经营实学后，他注意到稻盛先生一再强调费用最小化，劝说经营者要警惕固定费用，特别是人工成本的增加。因此，他没有冲动，认真思考是否只有增加人员才能从根本上解决这个问题。

经过一番思考，他采取了这样几个步骤。第一，把设计工作量化，把原来笼统的设计任务细分为方案设计、图纸设计、清单设计、竣工图设计、结算审计等环节。第二，根据企业 20 多年的经验，针对细分后的每一设计环节建立了企业内部标准工时制度。第三，业务人员不再开出一个笼统的设计任务单，而是根据各个环节细分设计内容，填写设计任务单。第四，设计任务单流转到经营管理部后，由经管部根据企业内部标准工时核定每张设计任务单需耗费的小时数。这样，原先看不清的设计任务变成了看得清的小时数。每月月末，经管部负责统计每位设计员当月完成的设计任务单的总工时。例如，某设计员提出手里的设计任务太多，干不完，但当月按工单统计出的工时是 120 小时，可是不加班、正常一个月的标准工作时间应达 176 小时，这位设计员当月的工作显然不饱和，接下来就要通过分析找出原因。

第一种原因可能是该设计员工作效率低，工作时间内没有做到满负荷工作。第二种原因可能就是自身对技术的掌握和理解不够。

只要找出问题，就会有解决的方案和对策。

这位塾员说，原来因为设计工作没有量化，大家都是凭感觉，总觉得自己干得多，别人干得少，自从有了标准工时制，每个月月末召开经营分析会，会上，经管部会公开当月每位设计员的任务单对应的小时数，谁的工作量大，谁的工作量小，一目了然。这位塾员说，自从有了这个数据排名，大家的工作状态明显发生了改变，效率也明显得到了提升，原来没有人接的设计任务单也都可以分下去了。这位塾员感慨地说，这就是数字的力量，数字背后真的有魔力啊！他说："现在我们企业不仅有了标准设计工时，而且通过对每位设计员每一个设计项目实际完成工时的统计，还做到了定期校核原标准工时，对比二者之间的时间差，分析原因，不断校准企业标准工时，实现了更精准的设计工时管理。"而且通过这件事，他发现企业经营中所有的问题都可以进行结构化拆分，然后予以量化，再通过数字化分析找到其中的问题和解决办法。因此，他也不由得对稻盛先生生出崇敬与感恩之情。

检验一个企业是否已经开展数字化经营的标志就是有没有在企业里推动各部门开展月度经营分析会，每月要针对不同部门的业务内容，围绕收入、费用和工作效率，采集全部相关数据，并带领大家对照各项预定目标，以结果为导向开展经营分析，找出原因和不足，制订改进计划和下月预定目标。如果自己的企业数字化经营的基础比较差或者企业规模不大，那么至少每月也要进行一次全公司的经营分析会，关键是让"销售最大化，费用最小化"的经营理念深入每一位员工的内心，形成人人关注经营数字、关注企业损益的风气。

● 挑战高目标

企业开展数字化经营要围绕收入、费用和工作效率将经营中的各项数字进行及时、准确的细分，并将结果应用于经营分析，同时还要设定经营中的各项经营目标。各项目标都要用清晰的数字来呈现，既要有公司的整体经营目标，也要有公司各部门的数字目标，进而每一名基层员工都要有具体的目标，并且公司、部门、个人都要敢于设定高目标。稻盛和夫说：

只有设定高目标的人，才能取得伟大的成功。只追求低目标的人，只能得到渺小的结果……只有胸怀大志，乐观开朗，描绘宏伟的蓝图，树立远大的目标，才能成就难以想象的伟大事业。

——摘自《京瓷哲学：人生与经营的原点》

设定高目标的同时，企业经营者还需要不断地自问自答，为什么要设定高目标？这个问题必须想清楚，如果企业经营者设定的高目标只是为了实现经营者个人财富的增长，那么员工是不会真正愿意和经营者一起挑战高目标的，因为挑战高目标的道路上充满荆棘与坎坷，需要持续付出。

挑战高目标只能是为了全员的幸福以及为客户、行业、社会带来更大的价值，创造更多的美好。因此，目标一定是越大越好，越大越有干劲。换句话说，高目标的背后一定是企业的使命，是使命的目标而不是目标的使命。

如果我们在追逐高目标的过程中忘记了使命、员工的幸福、客户的利益，使命就失去了力量。所以，企业经营者要大力倡导和鼓励全体员工敢于为了企业使命挑战高目标。

日本京瓷公司会把员工分为四种，第一种是"挑战高目标成功的员工"；第二种是"挑战高目标失败的员工"，对这类员工也会予以好评；第三种是"没有挑战但完成目标的员工"；第四种是"无所作为而失败的员工"。虽然稻盛和夫鼓励挑战高目标，却也明确反对一味地好高骛远，只关注目标而忽视积累。稻盛和夫提倡在"一步一个脚印"的同时把高目标融入自己的潜意识，每天努力前进。只要坚持不懈，在不知不觉中，那遥不可及的高目标就已经实现了。

开展阿米巴经营

● 阿米巴经营与阿米巴式经营

在企业中成功导入阿米巴经营体系，通过开展阿米巴经营让自己的企业成为高收益企业，这是许多学习过稻盛和夫经营学的企业经营者特别渴望做到的事情。对大中型企业来说，无论企业规模还是企业内部生产管理环节都比较庞大而复杂，这样的企业要想导入阿米巴经营体系，建议通过专业的阿米巴咨询机构辅导落地。这里还有一个重要的前提条件：企业经营者、一把手必须完全认同稻盛和夫的经营理念，并且率先垂范，在企业中倡导和践行稻盛和夫经营学，明确企业使命，坚守正确的经营哲学。大多数中小企业还处于生存期、发展期，无论从规模上还是经营业态上都还处于较小和不完善的阶段，行业种类也千差万别，因此更希望通过自己学习加专家指导的形式让阿米巴经营体系在企业中快速落地。有一些经营者担心自己的企业规模太小或者从事的行业不适合开展阿米巴经营，还有经营者不知道当下一些新的组织模式，如采用平台制、中台制管理的企业或新兴的互联网行业等是否适合导入阿米巴经营模式。对于这样的希望和担心，我想我们应该回归稻盛和夫创立阿米巴经营的初心与根本目的，在此基础上思考可不可以和适不适合。

随着业绩的不断提升、规模的扩大，京瓷公司人数越来越多（从刚开始的 28 人迅速增加到两三千人），这时稻盛和夫最担心的事情是，如果企业经营仍然是一笔糊涂账，最终结果一定是破产。同时，随着企业规模迅速扩大，如何才能培养出更多自己的"分身"，让大家都能参与企业经营，也是让稻盛先生特别困扰的事情。于是，稻盛和夫想到了将组织划分为小集体，用核算表的形式，让小集体的领导以及每一位员工都能够了解并关注经营数据，并据此快速响应，实现"销售最大化，费用最小化"的目标。这就是稻盛和夫创立阿米巴经营的初心。阿米巴经营的根本目的有三个：第一，实现以经营哲学为基础的全员参与的经营；第二，培养具有经营者意识的人才；第三，确立与市场直接连接的分部门核算制度。

因此，对大多数中小微企业来说，只要在企业里建立了与市场直接挂钩的核算制度，无论其是否符合严格意义上的阿米巴组织划分规则，也不必一定要有内部定价系统和完全一致的单位时间导入模式，只要能够在企业里建立起各类以部门、产品、项目等为单位的，围绕销售最大化、费用最小化和工作效率最大化的核算制度，都可以算作确立了阿米巴式核算制度。关键的衡量标准是要看这样的核算制度能否将企业内原先不关注利润、成本和工作效率的员工吸引进来，从而带动全体员工共同参与企业经营，在挑战高目标中实现员工心性的提升、经营意识的提升以及经营能力的提升。员工的成长才是阿米巴经营最终获得成功的关键，而不是仅仅学会照搬阿米巴经营模式。经营者可以根据自己企业的实际情况，只要符合阿米巴经营的三个根本目的，从广泛意义上讲，就是在开展阿米巴式经营。

● 阿米巴经营体系

稻盛和夫在京瓷公司推行的阿米巴经营不仅建立了一套基于规则的分部门核算制度，而且以京瓷的经营理念"追求全体员工物质与精神两方面幸福的同时，为人类社会的进步发展做贡献"为宗旨建立了一套以爱为根基，以培养员工、成就员工为目的的完整的京瓷经营体系，又称"阿米巴经营体系"，它包括部门核算制度、人事评价制度和教育培训制度。这三项制度发挥各自机能的同时，又实现了相互推动和拉动，其中人事评价制度和教育培训制度对于充分发挥阿米巴的分部门核算制度的威力起到了相乘的效果。阿米巴经营结果提升的背后一定是员工心性、热情和能力的全面提升。建立这样的经营体系与企业的规模和所处的发展阶段无关，无论什么样的企业，只有建立起这样完整的经营体系才会最终实现阿米巴经营的成功。

◎　部门核算制度

部门核算制度的建立围绕销售最大化和费用最小化的经营原则，通过划小核算单位，实现快速反应和单位时间附加值的提升。同时，围绕部门核算制度的建立，制订年度计划和月度核算管理必不可少。

○　制订年度计划

每个阿米巴的领导人首先应该以企业经营者描绘的梦想和愿景为基础，建立自己部门的经营计划。经营计划分成被称为"Master Plan"的年度计划和为了实现年度计划而制定的月度预定。

——摘自《稻盛和夫阿米巴经营实践》

在年度计划的制订过程中要将自上而下和自下而上充分融合，最后设立"非达成不可的目标"。

相比别人给的目标，人们有更强烈的意愿去达成自己制定的目标。因此，阿米巴经营中年度计划的制订，是以社长方针为基础，彻底地遵循自下而上的计划制订流程。而且，通过每个阶段的反复讨论，让各阿米巴的领导人都能切实认识到本部门的作用。重要的是，要制定所有当事人都认为"一定能达成"的目标。

——摘自《稻盛和夫阿米巴经营实践》

年度计划制订完成后，企业经营者要召开全员参加的年度"经营方针发布会"，在会上，经营者公布公司的整体目标和重点实施措施，各部门公布自己部门的年度计划和行动计划。

○ 月度核算管理

在阿米巴经营中，为达成年度计划每月累积确凿的实绩数字必不可缺。从这一观点出发，以一个月为单位的详细计划的制订和实施是最重要的一环。为此要制定月度预定并加以实行。

——摘自《稻盛和夫阿米巴经营实践》

在阿米巴经营中，月度核算即我们常说的月度经营分析会，是保证阿米巴经营取得成果的重要一环。与其他类型的经营分析会最大的不同之处在于，阿米巴经营月度分析会有"月度预定"制度。大部分企业实行预算制度和预估后的目标月度拆解制度，而在稻盛和夫看来，如果采用预算制度，那么一旦预算经费确定下来，员工会本能地认为这是自己权力范围内可支配的费用，至于费用所对应的业绩目标和利润目标就会和费用割裂开来，情况往往是费用目标达成了但业绩目标和利润目标没有达成。因此，阿米巴经营中目标只有一个——利润目标。同样，业绩目标采用"月度预定"制度是因为如果采用的都是"预估""预计"等，那么其背后反映的都是对结果"差不多就行了"或者"这样已经很不错了"的观念。在稻盛和夫看来，即使达成率为 99%，也要反省为什么最后 1% 没有做到。对此，稻盛和夫说过：

正是这种追求完美的心态，全员才能在情况每天变化，甚至发生突发性问题的现场也不气馁，具备坚决实现目标的不屈不挠的精神。

——摘自《稻盛和夫阿米巴经营实践》

因此，"月度预定"目标的制定，反映的是阿米巴领导者对计划目标的深思熟虑和必须百分百达成的坚强意志，是所有阿米巴成员的职责所在。有了月度的各项预定目标后，阿米巴经营要求：必须从月初开始就一天一天地扎实积累数字，确保月底达成预定，这就是每天核算。稻盛和夫认为：

所谓经营，并不是看着月末的核算表进行的。经营是具体详细数字的积累，积累每一天的销售额和费用，才有了月度核算表。天天都核算收支，必须抱着这样的意识去经营。不看每天的数字去经营，就像不看仪表盘操纵飞机一样，飞机向哪儿飞，在哪儿着陆都不知道。同样，目光离开了每天的经营数字，是绝不可能达成目标的。

——摘自《稻盛和夫阿米巴经营实践》

阿米巴经营的关键之一就是通过不断地关注经营数字，从而发现问题、解决问题，在追逐数字的过程中激发大家的积极性和创造性。稻盛和夫在京瓷实行的是每天核算，不同类型的企业可以根据自身实际情况建立核算机制，首先至少要做到月度核算，然后从月度核算向周核算、每天核算逐步迈进，关键是要建立一套数字牵引的机制，通过每天、每周、每月的实绩数字与月度预定数字的相互追逐，通过全员的同心协力，去感受目标差距带来的压力和达成目标时的喜悦。

◎ 人事评价制度

我们常说，人才是企业的第一资源、第一生产力和第一竞争力，企业间的竞争归根结底是人才的竞争。阿米巴经营的重要目的之一就是培养具备经营者意识的人才，而人才的培养不仅需要提供人才成长的机制和舞台，即阿米巴式的经营模式，同时还需要对人才成长的全过程给予关注、引导和评价，并在此基础上予以肯定和激励。企业需要通过人事评价制度的确立进行人才培养的梯队建设。

建立人事评价制度有以下三个重要作用。第一，可以帮助员工根据自己的兴趣爱好、能力水平，通过激发个人的梦想，清晰自身的职业定位、职业规划和晋级通道。第二，可以消除过去"要么干多干少没人关注和关心，要么干好干坏仅凭老板个人主观说了算"的弊端，通过评价体系真正实现像京瓷公司所倡导的实力主义，将工作业绩与个人的晋级、评优和激励挂钩，进一步调动员工的积极性、主动性和创造性。第三，可以实现企业与员工之间的沟通和互动，通过评价结果引导员工发现自身的问题和不足，帮助员工实现全方位的成长，让员工能够真正感受到被重视、受尊重和有希望。[1]

稻盛和夫在《稻盛和夫阿米巴经营实践》中强调：

以是否实践了哲学，是否发挥了领导力来评价、提拔员工也是很重要的……不仅仅是看单位时间核算的数字，还必须有一个人才评价体系，让真正具备实力的人得到提拔，这样才能促进组织的成长发展。

因此，人事评价制度的根本目的是实现人才的培养和更好地开展阿米巴经营。在京瓷公司，开展阿米巴人事评价的出发点是依据稻盛和夫的人生方程式，即人生·工作的结果＝思维方式×热情（努力）×能力，通过对业绩（人生·工作的结果）、行为（思维方式、热情或努力、能力）三个维度的量化考核，实现人才的评价与培养。

在阿米巴经营的人事评价中，业绩部分不是仅仅以单位小时附加值为评价基准，不是仅仅将焦点放在短期成果和核算实绩中。得到高度评价并被提拔的人，是能够中长期持续提升业绩的人才。

——摘自《稻盛和夫阿米巴经营实践》

[1] 翁清.关于建立企业人才评价体系的思考［J］.现代企业文化，2020（14）：154-155.

阿米巴经营的人事评价对于业绩的考核不仅重视各项目标的结果，更重视为达成结果所付出的努力以及是否敢于挑战高目标。对于行为的考核着重于个人能否认真实践哲学，能否领导部门成长发展。这部分的考核可以依据企业经营理念对应不同管理层级制定出与工作相应的行为考核标准，也可以依据企业的价值观所对应的行为标准开展定期考核。能力部分，不仅包括个人的业务能力，还包括对不同层级、不同岗位所需要的沟通能力和管理能力的考核，稻盛和夫在《稻盛和夫阿米巴经营实践》中强调：

在明确评价基准的基础上，对那些虽然没有足够的经验，但拥有高尚人格及出众能力，对工作抱有热情，赢得大家信任和尊敬的人，也就是努力实践哲学的人，要大胆提拔。

同时，需要特别提出的是，稻盛先生反对经营者寄希望于通过建立一种规则就可以完全依靠规则来评价部下，稻盛先生说："归根结底，领导人必须参与到组织中去，聚会等都要出席，对于多达数百名的员工，都必须倾注心血，仔细观察，这才是人事评价的关键。"

◎ **教育培训制度**

企业开展的教育培训包括以下三个部分。第一，全员参加的哲学教育培训。其目的是让一起工作的同事，在每天的工作中，能够以共同的价值观为基础进行判断，采取行动。讲课老师最好是经营者本人，最好能把企业的使命、愿景、价值观以及经营理念形成文字，做成手册发给员工，将手册作为教材，持续、定期地实施哲学教育。这一过程就是在企业中开展哲学共有并将哲学血肉化的过程。

第二，对不同岗位、不同管理层级开展基础工作的能力、专业技术能力和管理能力提升的培训。在阿米巴经营中，通过建立分部门核算制度，人人关注经营数字，针对经营数字暴露的各项能力的不足进行分析，提出改进措施。例如，通过经营分析会发现，销售最大化做得不好，销售收入总是上不去，就要通过细分的收入数据，找到问题的原因——是产品质量有问题、产品定位不合理，还是产品技术落后、市场营销不到位、销售能力不足。发现问题就要及时调整，找到问题背后能力欠缺的原因，通过开展对应的教育培训及时提升相关岗位员工的相应能力。如果通过经营分析会发现成本和费用总是居高不下，就要对比细分的成本和费用数据，找到问题的原因——是技术能力问题、采购能力问题，还是管理能力问题等。同样，发现问题及时调整，找到问题背后能力不足的原因，通过开展对应的教育培训及时提升相关岗位员工的相应能力。

第三，要依据企业的中长期发展战略，有针对性地开展相应的技术类、创新类和管理类培训。在企业中建立教育培训制度的根本目的是培养人才和成就员工，同时在员工成长的过程中推动企业成长和创造高收益，从而实现人人都是经营者和成为幸福企业的终极目标。

特别是 2020 年新冠肺炎疫情暴发以来，企业经营面临诸多前所未有的困难和不确定因素，经营者更应该把教育培训当成难得的机会，加大教育培训的力度。

稻盛和夫说，正如春天的樱花，冬天越是严寒，春天越是烂漫。抱怨和躺平最终只能导致企业走向消亡，只要把逆境作为动力，把握机会苦练内功，就一定能够开拓光明的未来。

盛和塾的一位塾员对此深有感触地分享道："虽然疫情给企业经营带来了很多不利影响，但是两年多过来了，现在自己特别感谢疫情，正是在疫情期间通过学习稻盛和夫《萧条中飞跃的大智慧》讲话，懂得了越是萧条期越是竹子长节的最好时期。"

2020 年开始，他就在企业中推动以部门为单位的各岗位业务能力、技术能力提升培训，人事部门也把工作重点放在对各部门教育培训的计划管理和监督执行上。每月月末，各部门必须向人事部门提交下月本部门的教育培训计划，同时人事部门汇总本月各部门完成当月培训计划的情况并纳入当月考核。就这样，坚持到了现在，两年多的时间，不知不觉中企业整体的业务能力、技术能力得到了迅速提升，员工也在这样持续学习的过程中感受到自身能力的不断提升，尝到了甜头，真心地认同这种自我提升的学习模式。这位塾员说："我的企业现在真的是长节了，面对疫情，企业也更有信心了！"

● 制度与哲学

　　阿米巴经营是由独特的机制和制度共同构成的。需要注意的是，要想让其正常发挥功效，构建机制和制定制度的背后一定是经营者美好的发心和企业坚守正确的经营哲学。无论划分阿米巴组织还是制定各项制度，每一个经营活动的落实、每一项制度的制定都要反思这个经营活动、这项制度符不符合"作为人，何谓正确"，这个经营活动、这项制度与员工幸福、员工成长有没有关系，与客户幸福、客户价值创造有没有关系。如果答案是否定的，那么这样的阿米巴经营最终一定会走向失败。

持续创造高收益

　　通过导入以哲学为基础的阿米巴经营，大多企业经营业绩和利润很快就会实现增长。但是，如何才能实现企业业绩持续增长、持续创造高收益，而不仅仅是昙花一现，是在导入阿米巴经营过程中特别需要注意的事情。第一，企业经营者必须始终保持谦虚的态度，持续付出努力。稻盛和夫在《稻盛和夫阿米巴经营实践》中说：

人心是脆弱的。即使是拥有高涨热情和优秀思维方式的经营者，一旦企业经营有所成就，就会产生懈怠和傲慢。"既然培养了这么多阿米巴领导人，交给他们干就行了。"只要有了这种想法，在不知不觉中就会一点一点地远离现场，或者失去了谦虚，懈怠了心性的提升。

作为经营者，如果认为一旦建立了阿米巴机制，现场员工就会自发地努力工作了，这样的错觉会使阿米巴经营在不知不觉中流于形式。

第二，要通过 PDCA 的持续循环，用挑战高目标带动阿米巴经营体系不断完善。在阿米巴经营中，企业要以企业使命和愿景为基础，各部门需制定"非达成不可"的年度高目标，并据此制定每月预定目标（plan），再按目标制订详细的指导方针和实施计划，通过带领全体成员共同努力，完成计划目标的执行（do），每月开展月度核算，对照数据结果找出（check）预定目标与实际结果之间的差距，分析原因，找到需要改进的问题点，并明确下一步需要采取的对策（action）和行动方案。企业经营者应以使命、愿景为基础，以高目标为驱动，持续不断地推动PDCA 循环，通过持续不懈地努力，促使企业实现持续创造高收益的目标。

稻盛和夫经营学

学习原则及方法

第六章

学习原则

想学好稻盛和夫经营学，首先必须了解其全貌，深入理解并掌握成长路径图以及每个节点学习、践行的要点。企业需要系统化、体系化地开展学习，其次，必须把握稻盛和夫经营学的学习原则。所谓学习原则，是指在应用成长路径图开展体系化学习时必须遵循的原理原则，以此保证在学习过程中少走弯路、坚定信心，在最短的时间内将稻盛和夫经营学的力量最大化。学习稻盛和夫经营学必须遵守以下四个重要原则：第一，哲学与实学同步学习原则；第二，反复学习持续实践原则；第三，内求自修深入思考原则；第四，全面提升素质能力原则。

● 哲学与实学同步学习原则

在稻盛和夫经营学中，起到统摄和引领作用的是人生哲学和经营哲学。

在稻盛和夫经营思想引入中国的很长一段时间里，大多数学习者，包括中国盛和塾的大多数塾员，对稻盛哲学与实学之间的关系普遍持有"只有学好了稻盛哲学才能开始导入稻盛实学，否则实学导入一定不会成功"的观念，即企业只有实现了哲学共有才能开展数字化经营。正是在这一观念的影响下，许多导入稻盛和夫经营学的企业，通过哲学的学习，经营者找到了人生与事业的目的和意义，带领员工在企业中开展哲学共有。经营者的改变影响、点燃了员工的积极性和工作热情，企业的销售业绩开始逐步提升，但同时，由于没有导入实学，企业仍然采取过去那种盖浇饭式经营，经营中的问题得不到改善和解决，经营数字不透明，努力和成绩不能被及时发现与肯定，员工的热情开始消退，单纯靠哲学的拉动往往后继乏力。

还有部分经营者，自身的哲学学习本就很肤浅，更谈不上在企业中开展哲学共有，再加上没有实学的推动，经营业绩自然没有变化，于是开始怀疑稻盛和夫经营学不适合中国企业，进而动摇学习稻盛和夫经营学的信念甚至停止学习。出现这种现象的重要原因就在于，没有正确把握稻盛哲学与实学之间一体两面的关系，错误地把哲学与实学割裂开来，认为这是彼此独立的两件事，既然是两件事，那么自然就会分出个谁先谁后和孰轻孰重，而这样的认知就是对稻盛和夫经营学最大的误解。这也是稻盛和夫经营学和绝大多数目前主流管理学派所不同的地方。稻盛和夫经营学的核心是与宇宙的意志相协调的经营之道，是"爱、真诚、和谐"，这是不变的那个"一"，将其应用于个人成长、企业经营则展现为形而上的人生哲学、经营哲学与形而下的经营实学这两个方面。稻盛哲学与实学是不可分割的一体两面，不存在人为分割的先后和轻重。当我们错误地把它们割裂开来运用时，自然就会形成两张皮，哲学是哲学，实学是实学。哲学落不到实处就没有根，就没有持续的生命力；实学没有正确方向的引领就会迷失和混乱，因此必然会出现上述各种现象和问题。

稻盛和夫说："哲学、哲学，像念经一样喋喋不休讲哲学，并不能把经营搞好，只有把哲学转换成数字，哲学才能血肉化。"在《将哲学血肉化：在盛和塾应该如何学习》讲话中，稻盛和夫表示"如果你真的想要实践经营哲学，就必须把哲学落实到利润表中去，必须将哲学转化为具体的数字"。因此，学习稻盛和夫经营学第一个重要的学习原则就是，哲学是根基，哲学与实学同步学习的原则。需要注意的是，在学习过程中既不能无限放大哲学的重要性，也要警惕片面强调实学的重要性而轻视哲学的引领和统摄作用。以心为本的经营才是企业成功的原动力。

● 反复学习持续实践原则

关于反复学习持续实践的重要性，稻盛和夫在他的许多著作中都进行了论述。企业经营者要想提高心性，拓展经营，除了反复学习和持续实践，别无他法。稻盛和夫经营学中的人生哲学和经营哲学都是用来改变我们的思维方式，是"心"学。反复学习是指从"脑知"到"心知"的过程，就是正确的哲学思想从显意识进入潜意识的过程。稲盛和夫把反复学习哲学比喻为锻炼身体，他说："一般的人，对如何正确做人的哲学，学过一次就觉得足够了，他们不愿意反复学习。但是，运动员只有天天锻炼身体，才能保持自己的体能。心灵的修炼也一样，一旦懈怠，很快就会回到原点。"只有在反复学习的过程中，正确的哲学思想才能血肉化，逐渐融入内心，成为不可动摇的信念，才能够依此采取正确的行动。稲盛经营实学是用来指导企业经营的行动，是"功夫"。反复学习持续实践的过程就是达至知行合一的过程，"知"是基础、是前提，"行"是重点、是关键。过去，古人说"知难行易，无师之过"，今天，我们有幸得遇人生之师稲盛和夫，那么，我们要珍惜这份缘分，要以知促行，通过反复学习哲学，"脑知"变"心知"，心知则是真知，真知一定真行。我们在学习稲盛和夫经营学的过程中，如果只有心动而没有行动，就一定不是真知。稲盛和夫说：

有的塾员在盛和塾学了好多年，公司业绩依然低迷。对于这样的塾员，我的话或许不太好听，我不能不说，业绩不好，那是因为你的学习还很不够，就是说，你没有把哲学血肉化。

——摘自《将哲学血肉化：在盛和塾应该如何学习》

另外，我们还要以行促知，要善于把"知"付诸"行"。"知易行难，贵在依止"，有了好的老师，有了正确的哲学思想就要坚定地相信并践行，反对空谈、崇尚实干，也是中华民族的优良传统，"纸上得来终觉浅，绝知此事要躬行"。企业经营者要想推动稻盛和夫经营学在企业现场持续实践，就要信一分，行一分，这样一定会有一分收获，不要事事钻牛角尖，更不能夸夸其谈，先做了再说。只要企业经营者在实践中坚持以正确的哲学思想和经营理念为引领，不断对照、检视、反省和及时改正，就能在"实践、认知、再实践、再认知"螺旋式上升的过程中不断提高心性、拓展经营。

● 内求自修深入思考原则

改革开放 40 多年来，民营企业如雨后春笋般涌现，随之产生了数以千万计的经营者。其中，绝大多数经营者都没有接受过系统的工商管理类知识的学习和培训，他们迫切需要进行相关知识体系的学习和培训，一大批企业经管类培训机构应运而生。

客观地说，这些机构对中国民营企业的发展做出了一定的贡献，帮助许多民营企业经营者打开了一扇窗，特别是一些成功学的课程和以西方"经济人假设"为底层逻辑的各类企业管理方法课程，让很多经营者似乎找到了经营企业的灵丹妙药。这些课程往往是听起来激动，实际却未必好用，学费又动辄几万元甚至几十万元。

近几年，随着稻盛和夫经营学的逐渐兴起，越来越多的企业经营者认可并接受了稻盛和夫利他的经营理念，加入盛和塾开始系统学习，但是因过去几十年各类培训机构的熏陶，很多人已经习惯了被动输入式的学习方式，自己不愿意深入思考，总是期待老师能给出一套具体的方法，可以照搬照抄地在企业执行。

稻盛和夫经营学源自工作现场和亲身实践，稻盛和夫说"工作现场有神灵"，学习稻盛和夫经营学没有捷径，也没有一套放之四海皆准的工具和方法，稻盛和夫传授给我们的是经营之道、经营的原理原则以及落地实践的规则和机制。不同的企业在应用稻盛和夫经营学时，需要结合自己企业的行业特征、经营状况以及发展阶段，在深入调研和充分思考后采取的行动和措施才是最适合的。

我们不反对专业老师的指导和方法，相反，在盛和塾有许多有发心、有专业能力的指导老师，他们可以辅助我们学习稻盛和夫经营学的内容并针对落地践行给予必要的指导，但能不能用好关键还是在于经营者自身能否做到反复学习、深入思考，并将其应用于工作现场，在工作现场发现问题和解决问题。同时，在落地践行的过程中，无论遇到什么问题，企业经营者首先要从自己身上找问题，从企业内部找问题，而不是一味地抱怨员工、抱怨客户，甚至怀疑稻盛和夫经营思想的正确性和适用性。凡事要向内看、向内求，"行有不得，反求诸己"，企业经营者要从自身的不足和问题入手，视问题为道路，对照稻盛和夫，看看他遇到相似的问题是如何解决的，从稻盛和夫经营学里找答案，找到稻盛和夫解决问题所秉持的原理原则、采用的规则和机制。经营中的

一切问题都可以在稻盛和夫经营学里找到原因以及解决的方法或
途径。

● 全面提升素质能力原则

稻盛和夫说:

在企业经营中,要制定战略战术,要建立营销和物流的体制,还要构筑
管理会计和财务的系统,等等。这些具体的经营手法、手段都要筹划周
到,这些都是理所当然的。

——摘自《将哲学血肉化:在盛和塾应该如何学习》

但是,我们发现在稻盛和夫看来理所当然的事情,却是许多
中小企业经常遇到的困难或障碍。很多经营者白手起家,靠的是
自身的勤奋、聪明才智,以及对美好生活的追求,但是其经营的
企业基础管理薄弱,缺乏科学管理的手段和方法,员工普遍缺乏
基本职业素养和岗位技能,创新意识和管理能力都不足。

创业初期,企业规模小,问题还不突出,一旦企业稍具规
模,经营者管理能力和员工岗位技能上的欠缺就会成为企业发展
的瓶颈。

企业经营需要具备的能力和需要解决的问题涉及方方面面,
学习稻盛和夫经营学可以帮助企业经营者解决根本性问题,并且

通过"两把尺子"发现经营中存在的各种问题和不足。因此，在坚持以稻盛和夫经营学为主轴开展系统学习的同时，我们呼吁广大企业经营者兼容并蓄、博采众长，不仅要广泛学习世界先进管理经验、技术和理论，帮助企业全面提升经营必备的各项能力，同时还鼓励企业经营者通过消化吸收优秀的中华传统文化，帮助企业做好文化建设，肥沃土壤、向下扎根。学习稻盛和夫经营学要注意避免一种倾向，那就是认为只要学了稻盛和夫经营学就可以解决企业经营中的所有问题。

我们说"经营中的一切问题都可以在稻盛和夫经营学里找到原因以及解决的方法或途径"，是想告诉大家，稻盛和夫经营学可以赋予经营者、企业一种优秀的品格，帮助经营者找到人生的使命和企业正确的发展方向，树立清晰而远大的目标，同时又给了经营者化繁为简、看清问题真相的智慧和科学的方法。"有心无法，法由心生；有法无心，法随心灭"，有发心、有智慧、有愿望，那么解决企业问题的办法自然就会找到，这时经营中缺什么就去补什么，经营需要的是全面提升企业的素质和能力，稻盛和夫经营学之外的科学的管理手法和手段也是企业需要及时补充和提升的。

盛和塾的一位老塾员有这样的感慨，学习稻盛和夫经营学之前是病急乱投医，参加过各种企业管理类的培训，大部分听不懂或者听了一知半解、不知道怎么用，好不容易听懂一些拿回去用，刚刚见到效果又很快被打回原形，企业原来是什么样现在还是什么样。

后来遇见了稻盛和夫经营学，他似乎一下子找到了救命稻草，拼命地学习。这么多年坚持下来，自己变了、企业变了、员工变了，变得越来越好了。于是，他一度认为除了稻盛和夫经营学，其他培训方法都不究竟，都不需要，只要学好稻盛和夫经营学就行了。随着这几年他在盛和塾不断学习，企业在稳步发展，在向上爬坡的过程中，他逐渐发现，企业无论在员工的专业能力上、管理层的管理能力上，还是战略、创新等方面都存在严重不足。于是，这位老塾员开始在盛和塾之外寻求相关的专业学习和培训，虽然参加的是和遇见稻盛和夫经营学之前类似的学习培训，但是现在的感觉完全不一样了，似乎一听就懂，一学就会，再也不像过去那样听得糊里糊涂，企业员工和管理层也从过去特别抗拒学习到现在主动、如饥似渴地学习专业知识和管理知识。

到底是什么变了呢？这位老塾员总结说，是因为稻盛和夫经营学让自己明白了经营之"道"，赋予了自己化繁为简、看清复杂现象背后问题的本质的能力，也让自己能够站在更高的维度上看清经营的全貌。因此，补充其他学习和培训时，他马上就知道应该如何正确地应用它们，是稻盛和夫经营学帮助他"开窍了"，增长了智慧。

教材与教法

● 必读书与选读书

改革开放之后，稻盛和夫的经营思想逐渐被广泛引入中国，开始被越来越多的企业经营者了解、认知和接受，可以说稻盛热的形成与稻盛和夫的相关著作和演讲内容在中国被大量出版发行密不可分。据不完全统计，在中国出版发行的稻盛和夫著作以及相关论著已经超过 100 本，总出版发行量超过 1500 万册，仅《活法》一书的发行量就突破了 500 万册。大量稻盛和夫相关著作的出版、发行对稻盛和夫经营学在中国的传播起到了积极的推动作用。但同时，对于渴望尽快系统学习和实践稻盛和夫经营学的经营者来说，面对如此众多的稻盛和夫著作，往往不知从何入手，因此，以稻盛和夫经营学教学体系为主轴，系统地梳理稻盛和夫相关著作和演讲内容就显得尤为重要。老子在《道德经》中告诉我们"少则得，多则惑"，虽然稻盛和夫著作等身，但是其经营思想的精髓和核心主要体现在一些重要著作和演讲中，其他著作大多是在不同时期、不同场合，面对不同听众的应机教授和演讲，多是在从不同的维度诠释其核心经营思想。因此，结合稻盛和夫经营学教学体系，我们推荐以下 10 本著作和 10 篇演讲作为学习稻盛和夫经营学的必读内容，同时也推荐了部分选读内容（见表 6-1）。必读内容是学好稻盛和夫经营学的关键，因此，我们希望能够对每本书、每篇演讲都做到熟读、精读，反复阅读、持续实践，不仅要读，还要结合自己学习、践行的感悟写出总结分享。在盛和塾学习，必读内容就是塾员入塾学习的教材，塾员之间通过每天的读书、分享和相互点评，教学相长，共同成长。选读内容是对必读内容的补充，我们建议学习稻盛和夫经营学的经营者在必读内容之外，要把选读内容列入自己的年度阅读计划，通过对选读内容的学习加深对稻盛和夫经营学的理解。

稻盛和夫的著作和演讲内容极其丰富，而且还有新书在不断出版，因此，除了必读内容和选读内容，我们也希望大家将其作为参考图书，尽量多阅读、多学习。

● 稻盛和夫线上课堂

稻盛和夫线上课堂是通过微信小程序学习稻盛和夫经营学的重要工具，包含了稻盛和夫、稻盛哲学、稻盛会计学、阿米巴经营、曹岫云大讲堂、名师课堂、学员分享、经典案例等板块。稻盛和夫线上课堂收录了稻盛和夫先生历次来中国发表演讲的视频以及稻盛和夫详解京瓷哲学 78 条等视频内容，通过视频，我们

表 6-1　学习稻盛和夫经营学的必读内容与选读内容

分类	必读内容		选读内容
	著作	演讲	
人生哲学	心法： 稻盛和夫的哲学 心： 稻盛和夫的一生嘱托 活法	心灵管理 六项精进 心想事成	思维方式 稻盛和夫自传 稻盛和夫的人生哲学 母亲的教诲 改变我的一生
经营哲学	干法 京瓷哲学： 人生与经营的原点 领导者的资质 稻盛和夫经营学	培育人才是经营者 留给企业的最大资产 如何讲述哲学 将哲学血肉化 调动员工积极性的 七个关键	日航的奇迹 "挑战者"稻盛和夫 稻盛和夫经营 实录 1-6 卷
经营实学	稻盛和夫的实学： 经营与会计 阿米巴经营 稻盛和夫 阿米巴经营实践	用数字经营企业 会计七原则 阿米巴经营 带来企业持续发展	稻盛和夫的实学： 活用人才 稻盛和夫的实学： 阿米巴模式 稻盛和夫的实学： 创造高收益 稻盛和夫的实学： 经营三十四问

注：《会计七原则》《阿米巴经营带来企业持续发展》两篇演讲包含在《稻盛和夫经营学》一书中

可以观看、聆听稻盛和夫传授其人生与经营的大智慧。相较于读书学习，这样的学习方式能让企业经营者身临其境，全方位地感受稻盛和夫所传递的能量，不仅可以自己学，还可以在企业里带着员工一起学，可以边看边讨论。稻盛和夫线上课堂不仅有稻盛和夫的演讲视频，有被稻盛和夫称赞为全世界最理解其哲学的曹岫云老师设立的曹岫云大讲堂，还有稻盛和夫经营学相关专家线上授课，以及全国践行稻盛和夫经营学的优秀企业家线上分享等丰富多彩的视频内容。

● 六度学习法

稻盛和夫经营学源自企业实践，是从反复实践中总结出来，并且结合现代科学管理的理论、方法与古圣先贤正确的为人之道而归纳、提炼出来的。稻盛和夫经营学具有理论与实践相结合、系统且体系化的特点。因此，学习稻盛和夫经营学不仅要读稻盛和夫的图书，了解稻盛和夫经营学的学习路径和学习原则，掌握一套体系化、科学的学习方法同样非常重要。

在中国，盛和塾经过 15 年的发展逐渐形成了一套完整的、体系化的、科学的学习法，我们将其称为"六度学习法"。它通过六个不同维度的学习，帮助经营者快速提高心性，拓展经营。

六度学习法包含小组学习会、专家讲座、案例分析会、塾企游学参访、经营成果发表会和体验式研讨会共六种形式。六度学习法具备以下四个特点。

第一，团队式学习。《中庸》中提倡"慎独"精神，但大多数经营者每天要处理经营中的繁杂事情，还要拿出时间学习，一个人就容易懈怠和放松，而团队式学习，通过组织线上、线下集体参与的小组学习会，塾员之间相互讨论、相互督促、相互鼓励可以让学习变得快乐、高效且可持续。

第二，输出式学习。依据学习金字塔理论[1]，实际演练、教别人学习是最高效的学习方法。诺贝尔物理学奖获得者理查德·费曼（Richard Feynman）提出了"费曼学习法"，其核心就是输出式学习方式，用输出倒逼输入。盛和塾的小组学习模式、经营发表会模式都是通过塾员之间相互输出，特别是老塾员分享自己的学习体会和心得，通过小组学习会分享、经营成果发表会的模式，倒逼自己总结提炼学习心得和体会，然后对照稻盛和夫经营学整理经验，反省不足，通过分享和发表的形式，在利他的同时实现自身的快速提升和成长。小组集体学习的形式让参与其中的每位塾员的理解能力、总结能力、表达能力都得到了极大的提升。有的塾员说，加入盛和塾前已经几十年没有认真地读过一本书了，有的塾员说，过去自己在公众场合一说话就紧张，不知道说什么好，现在不仅不紧张了，而且常常口若悬河，有点刹不住闸的感觉，这一切都得益于在盛和塾的学习。

---

[1] 1964 年，美国学者、著名学习专家埃德加·戴尔（Edgar Dale）提出了学习金字塔理论。

第三，体验式学习。南宋著名诗人陆游曾给自己的子女写过这样的诗句："纸上得来终觉浅，绝知此事要躬行。"意思是书本上的知识和理论最终要通过亲身参与、亲眼观察、亲耳聆听，才能体会和感悟其中蕴含的道理，实践才能出真知。在盛和塾参加优秀塾企游学参访和体验式研讨会就是这种体验式学习模式。

第四，专业化学习。盛和塾有一批多年来一直专业从事稻盛和夫经营学研究的专家、教授，还有许许多多优秀的、学习践行有成果的塾员企业，因此，盛和塾的专家讲座和基于优秀塾企案例开发出的案例分析会，既具有很强的专业性，又具备落地的实操性，是学习稻盛和夫经营学必不可少的学习形式。

落地与实践

在前文，我们基本了解了稻盛和夫经营学的全貌、体系构成、学习成长路径、学习原则以及教材和教法，接下来，综合以上内容，我将分别就稻盛和夫经营学的三个部分如何落实到塾内的学习活动中，以及经营者回到企业后如何实践应用给出相应的参考方法。

● 时刻不忘心灵的修持

稻盛和夫经营学的人生哲学部分主要用于帮助企业经营者提高心性。除了经营者自身需要长期、持续地坚持修学，提高心性更需要有共同学习的氛围，盛和塾就是企业经营者共同营造的学习磁场。在盛和塾，大家常常把小组学习会比喻成心灵的加油站和人生的省修场，当经营者身心疲惫、情绪低落时，回到小组学习会就好似回到了心灵家园。

在盛和塾学习，关于稻盛和夫经营学人生哲学部分，企业经营者通过学习以下必读内容、必学视频和推荐课程，再以小组学习会为主轴，综合应用六个维度学习模式，每天进步一点点，很快就会取得良好的成效（见图 6-1）。

		人生哲学		
实证	要点	持续净化心灵		
	诠释	以心修行 确立更高的生命观		
笃行	要点	每天进步一点点		
	诠释	以行修心 用六项精进为修身的方法		
坚信	要点	明确人生的目的和意义		
	诠释	找到人生的使命 确立利他的人生观		
修身				
分类	必读书		必学视频	推荐课程
	著作	演讲	稻盛和夫演讲视频	
人生哲学	心法：稻盛和夫的哲学 心：稻盛和夫的一生嘱托 活法	心灵管理 六项精进 心想事成	心灵管理 六项精进 心想事成	《六项精进》实践 《六项精进》研讨会

图 6-1 在盛和塾中开展人生哲学的学习方法

企业经营者如何才能做到稻盛先生所告诫的"时刻不忘心灵的修持"呢？

　　稻盛和夫用自己在创业之初提高心性的亲身经历为我们做出示范，就是通过一切时一切处地"日读书"，不断加深对"明确人生的目的和意义"的理解和感悟，从而确立起正确的知见，立下人生的正志；通过"日反省"每天检视自己在生活和工作中有没有做到"六项精进"，有没有做到"每天进步一点点"；通过"日静心"每天至少一次的明心、静心，让烦躁的心镇定下来，实现"持续净化心灵"。

　　因此在生活和工作中，企业经营者要坚持每天践行修心三要，通过坚信、笃行和实证，持续获得正反馈，最终实现心性的螺旋式上升。心灵的持续净化和心性的不断提升是推动企业成长和发展的原动力（见图 6-2）。

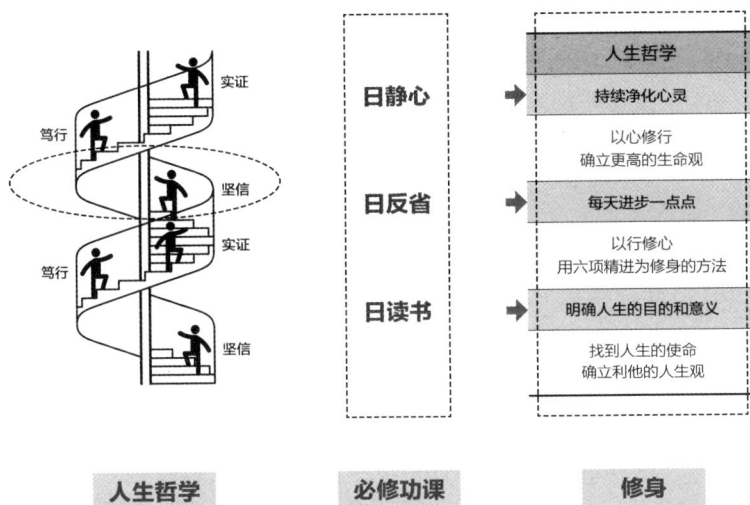

图 6-2　每日修心三要

● 把幸福落到员工的身上与心上

稻盛和夫经营学中经营哲学部分学习重心在"明确事业的目的和意义"，即找到经营企业的大义名分——企业使命。只有真正地把经营企业的目的从只为自己转变为实现全体员工物心双幸福的同时，为社会的进步发展做出贡献，稻盛和夫经营学在企业的落地与实践才真正有了支点。

加入盛和塾后，关于稻盛和夫经营学中经营哲学部分，企业经营者可以通过学习以下必读内容、必学视频和推荐课程，再以小组学习会为主轴，综合应用六个维度学习模式，每天进步一点点，很快就会取得明显的成效（见图 6-3 ）。

企业经营者如何将在盛和塾学习到的经营哲学应用于企业实践呢？首先，企业经营者要反复向员工讲述企业的使命以及工作的目的和意义，要在一切可能的场合对员工和客户反复宣讲。据说，曾经有日本塾员当面向稻盛和夫请教，说自己虽然找到了经营企业的大义名分，但员工还是不理解自己，他应该怎么办？稻盛和夫回答说："员工不理解你，那是因为你宣讲得还不够，1遍不行就 10 遍、20 遍，直到 100 遍。"稻盛和夫认为，员工不理解，如果没有宣讲到 100 遍都是企业经营者的责任，超过 100遍才是员工的问题。

我觉得稻盛先生之所以这么说，有其深刻含义。

第一，大部分企业经营者虽然通过学习稻盛和夫经营学，找到了经营企业的大义名分，生起了利他心，但往往一开始这颗利

⟨图标⟩		经营哲学
实证	要点	哲学血肉化
	诠释	内化于心，信念不退 外化于行，脑知变心知
笃行	要点	开展哲学共有
	诠释	率先垂范，全员参与
坚信	要点	明确事业的目的和意义
	诠释	确立具有大义名分的企业使命、经营理念

	齐家			
分类	必读书		必学视频	推荐课程
	著作	演讲	稻盛和夫演讲视频	
经营哲学	干法 京瓷哲学： 人生与经营的原点 领导者的资质 稻盛和夫经营学	培育人才 如何讲述哲学 将哲学血肉化 调动员工积极性的七个关键	四种创造 经营者需要的三种力量 稻盛和夫详解京瓷哲学78条	哲学手册编制 成功方程式 经营十二条 领导者资质

图 6-3　在盛和塾中开展经营哲学学习的方法

他心还不够纯、不够真，还夹杂着许多功利心和虚荣心。只有企业经营者当着员工、客户的面不断地宣讲企业使命，内心良善的大门才能越开越大，才能逐渐真正感受到员工的辛苦和不易、感受到客户的痛点和真需求。即使企业使命在开始时是假的，也会在持续的宣讲中成为真的，其力量也会真正地在经营者内心生起。

　　第二，当众宣讲企业使命也是倒逼企业经营者不断做出当众承诺，刚开始是为了面子、荣誉，慢慢地使命进入企业经营者的内心，就会激发其强烈的愿望和燃烧的斗魂。

第三，在经营者持续宣讲企业使命的过程中，员工、客户也会从最初的不相信到半信半疑，直到被经营者的诚心感动，全然地相信并支持。

因此，稻盛经营哲学的落地，首先从宣讲企业使命 100 遍开始。

有了企业使命后，要想让员工真正地相信并自愿追随企业经营者共同实践经营哲学，一方面，企业经营者要组织全体员工开展各种形式的学习活动；另一方面，企业经营者也要把实现全体员工的物质幸福和精神幸福落实到员工的身心。物质幸福的实现不在于给大家涨多少工资、发多少福利，每家企业的经营状况不同，要量力而行，关键在于经营者的利他心够不够真、够不够纯。

有的经营者常说，自己也想给大家涨工资、多发奖金、增加福利，但经营状况不好，只能等企业发展好了再兑现承诺。这样说的经营者大多很难让企业摆脱困境。为什么？因为顺序反了！

凝聚员工的心不在于老板能给多少，靠的是经营者亲切真诚的关爱之心。当员工发自内心地认同经营者以及企业的经营理念，自然会把这颗心和这样的理念传递给客户，获得客户的尊重和支持。这样的企业怎么会发展不好呢？

企业导入稻盛经营哲学不仅需要在经营者的带领下开展各种形式的学习、分享活动，还必须把经营理念和经营哲学结合到企业经营的各项实际工作中，要和岗位职责、岗位目标以及个人成长目标相结合，形成可量化、可考核的严格制度，要建立定期考核的机制，通过考核、评价和优秀案例分享促进哲学血肉化（见图 6-4）。

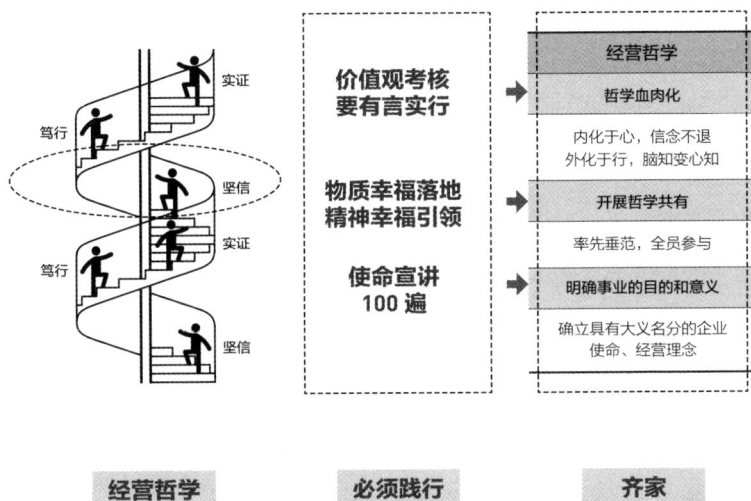

图 6-4 企业导入经营哲学的具体措施

● 创造高收益从每月核算开始

稻盛和夫经营学实学部分的学习和践行从每月核算开始。稻盛和夫不断强调，经营的本质是"销售最大化，费用最小化"，而确保其实现的手段，就是努力做到从每月核算到每周核算，再到每日核算。只有通过核算才能看清销售的变化和费用的变化，进而通过对变化的结果分析，找出解决问题的办法。企业经营者只有通过数字的变化才能看清企业哲学有没有发挥出应有的作用和力量。

那些学了很长时间稻盛和夫经营学，但企业经营状况，特别是利润状况还是没有较大变化的经营者，需要认真反思自己有没有真正理解经营哲学和经营实学的内在关系，哲学与实学不仅要同步学习，还要同步实践。

加入盛和塾后，关于稻盛和夫经营学中经营实学部分，企业经营者通过学习以下必读内容、必学视频和推荐课程，再以小组学习会为主轴，综合应用六个维度学习模式，每天进步一点点，很快就会取得显著成效（见图6-5）。

企业经营者如何才能将在盛和塾学到的实学运用于自己的企业实践呢？首先，要从读懂并熟练运用利润表开始，稻盛和夫在《将哲学血肉化：在盛和塾应该如何学习》中指出：

销售最大化，费用最小化，经过一个月的努力，结果究竟怎样，月底必须结算，做出利润表，否则就不能对下个月如何经营做出对策。如果看到的是两三个月以前的数字，那么，不管销售是增加了还是减少了，利润是增加了还是减少了，企业是盈利还是亏损，这时候知道了也没有任何意义。财务部门统计汇总，如果月末结算，最迟必须在一周之内做出利润表，否则，这些会计资料就无法在经营中有效发挥作用。

实践稻盛经营实学的关键是从每月核算开始，不同规模、不同发展阶段的企业可以根据自己的实际状况，开展分部门核算，或者先进行公司整体核算再逐步开展分部门核算。核算应围绕收

		经营实学
实证	要点	创造高收益
	诠释	通过不断完善阿米巴经营体系，持续挑战高目标，实现企业持续创造高收益
笃行	要点	开展阿米巴经营
	诠释	通过阿米巴核算（或精细化核算），人事评价，人才教育体系的构建，形成完整的阿米巴经营体系，带领全员挑战高目标，创造高收益
坚信	要点	依据会计七原则开展数字核算
	诠释	通过准确、及时、细分的经营数字，在企业中开展月度数字经营分析会

	治企			
分类	必读书		必学视频	推荐课程
	著作	演讲	稻盛和夫演讲视频	
经营实学	稻盛和夫的实学：经营与会计 阿米巴经营 稻盛和夫阿米巴经营实践：全员参与，主动创造收益	会计七原则 用数字经营企业 阿米巴经营带来企业持续发展	会计七原则 用数字经营企业 阿米巴经营带来企业持续发展	会计七原则 用数字经营企业 阿米巴经营实践 阿米巴人事制度 阿米巴经营会议的运用

图 6-5　在盛和塾中开展经营实学学习的方法

入、成本和工作效率三个维度展开，采用的是稻盛和夫提出的，让每一位员工都能够看懂、能够产生和自身工作相关联感的简单家庭记账簿方式（见图 6-6）。

项目		计算公式
销售额	客户甲	A_1
	客户乙	A_2
	客户丙	A_3
销售额合计		$A=A_1+A_2+A_3$
费用	变动费用 原料费	B_1
	变动费用 配料费	B_2
	变动费用 耗材费	B_3
	变动费用 电费	B_4
	固定费用 场地租金	B_5
	固定费用 设备租赁	B_6
	固定费用 办公用品	B_7
	固定费用 通信费	B_8
费用合计		$B=B_1+B_2+\cdots$
附加值（结算收益）		$C=A-B$
总人数（名）		
时间（小时）	正常时间	D_1
	加班时间	D_2
时间合计		$D=D_1+D_2$
单位时间附加值（元／小时）		$E=C/D$

单位时间附加值核算表		
1	销售额（总产值、收入）	A
2	成本（费用）	B
3	附加值（结算收益）	$C=A-B$
4	总时间	D
5	单位时间附加值	$E=C/D$
* 费用中不包含人工费		

图 6-6　简单家庭记账簿

核算表是稻盛经营实学落地的基础，经营者如何带领团队用好核算表是关键，其抓手就是月度经营分析会。企业经营者围绕月度核算表中的销售收入、费用和时间，带领团队共同研究、研讨如何才能实现销售最大化、费用最小化以及时间最短化。通过经营分析会带动每一位员工以经营者的角度来思考和行动才是经营分析会最重要的作用之一。

对开展阿米巴经营的企业来说，月度核算只是数字化经营的起点。

月度核算是每天发生的各种细小数据的积累，因此对每天的日常核算不能有丝毫懈怠。所以，单位时间核算不是在月末统计当月的订单、生产、销售、经费、时间等重要的经营信息，而是每天进行统计，并迅速地将其结果反馈给现场。

——摘自《阿米巴经营》

企业要通过不断地努力，逐步实现从周核算到日核算的跨越。

企业在实践阿米巴经营时，要以建立部门核算制度为基础，逐步在企业中开展人事评价制度和教育培训制度的落地实践，发挥与分部门核算制度的相乘效应，从而实现企业的高收益。与此同时，企业还要建立起 PDCA 的循环机制，推动企业持续实现高收益（见图 6-7）。

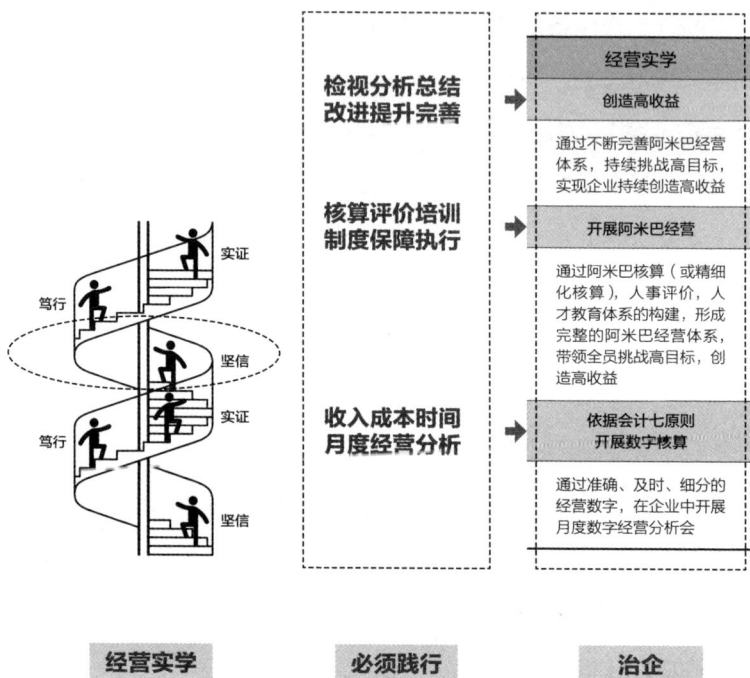

図 6-7　企业导入阿米巴经营的具体措施

● 落地与实践成果检视

企业经营者系统地学习了稻盛和夫经营学，只要能够沿着正确的学习路径前进并认真地在企业中开展落地与实践工作，企业就一定会摆脱困境，取得丰硕的成果。

为了帮助企业经营者更好地落地与实践稻盛和夫经营学，盛和塾组织开发了优秀标杆企业测评系统，帮助经营者检验学习的成效，及时发现自己和优秀标杆企业的差距，向后者学习。

测评系统围绕提高心性、拓展经营和奉献社会三个维度展开，其中提高心性主要是从企业成长有没有在因上努力开展测评，包含经营者心性的提高和全员哲学共有；拓展经营部分主要围绕企业经营的成果开展测评，包含员工幸福和创造高收益两个模块；奉献社会主要围绕企业家的社会责任与担当开展测评（见表 6-2）。

表 6-2　优秀标杆企业测评系统的三个维度

板块	分值	分类	分值
提高心性	30 分	经营者心性的提高	15 分
		全员哲学共有	15 分
拓展经营	60 分	员工幸福	30 分
		创造高收益	30 分
奉献社会	10 分	社会责任与担当	10 分

测评系统由两套测评表构成：一套是优秀标杆企业自评表（见表 6-3），企业经营者可以对照测评表填写；另一套是员工幸福测评表（见表 6-4），需要由本企业员工填写，因为员工幸福与否不是经营者认为的，而是员工心声的真实反映。

员工幸福测评表建议填写人数覆盖企业总人数的 70% 以上，这样测评的结果才会准确反映真实状况。每套表格的各部分测评分数通过百分制换算成对应的分值，将两套表的分值加总就是最后的测评结果。

测评结果不在于当下的分值高低，重要的是通过对应的分值了解自己企业经营及员工幸福的真实状态，更重要的是要通过全员的努力，让每一次测评的结果都要好于上一次，自己和自己比。

这套测评系统能够帮助企业经营者看清自己企业当下的发展状况和员工的幸福状况，同时，对照测评表的测评内容，找到测评分值较低的项目，这就是需要努力改进的内容和方向。所以这既是一套测评系统，又是一套指导企业践行稻盛和夫经营学的指南；既有经营者应有的学习和工作状态，也有如何在企业中开展哲学共有的方法；既有会计七原则落地和开展数字化经营的要求，也有挑战高目标的数字成果检验以及为社会做贡献的公益推动。

关于员工幸福，许多经营者自以为对员工很好，但是测评结果往往与预想的大相径庭，为什么会出现这种情况？就是因为，企业经营者不了解员工幸福的关键点在哪里，不知道怎样做员工才会真正收获物质与精神的双重幸福。因此，只要企业经营者对照员工幸福测评表逐项去推动、去落实，员工就会越来越幸福。

希望大家都能够用好这套测评系统，相信它一定会让我们在践行稻盛和夫经营学的路上走得更快、更稳。

表 6-3　优秀标杆企业自评表

提高心性　　　　　　　　　**经营者心性的提高（占 15%）**

请选择合适的数字
1 = 很不符合　2 = 不太符合　3 = 意见中立　4 = 比较符合　5 = 很符合

1.　坚信只要提高心性就能拓展经营，坚持学习，持续实践　　　　1　2　3　4　5

2.　努力做到以"作为人，何谓正确"为一切事物的判断基准　　　　1　2　3　4　5

3.　确立了利他的人生观，明确了人生的目的和意义　　　　1　2　3　4　5

4.　不断提醒自己要谦虚，不要骄傲　　　　1　2　3　4　5

5.　努力做到每天都会检查自己的思想和行为　　　　1　2　3　4　5

6.　努力做到在感谢之中度过每一天　　　　1　2　3　4　5

7.　积极行善，为他人、为社会尽力　　　　1　2　3　4　5

8.　能够以积极乐观的心态面对工作、生活中遇到的各种问题　　　　1　2　3　4　5

9.　每天坚持学习稻盛和夫经营学的时间　　　　1　2　3　4　5
　　20 分钟内（1 分）　30 分钟内（2 分）　40 分钟内（3 分）　50 分钟内（4 分）　60 分钟及以上（5 分）

10.　每天工作的时间　　　　1　2　3　4　5
　　8 小时内（1 分）　9 小时内（2 分）　10 小时内（3 分）　11 小时内（4 分）　12 小时及以上（5 分）

11.　每年参加塾内学习活动的次数　　　　1　2　3　4　5
　　1～2 次（1 分）　3～4 次（2 分）　5～6 次（3 分）　7～8 次（4 分）　9 次以上（5 分）

12.　每年参加国内外游学、全国报告会的次数　　　　1　2　3　4　5
　　国内游学一次（1 分）　国外游学一次（2 分）　全国报告会 1 次（3 分）　最高 5 分

13.　在盛和塾内乐意担当和付出时间帮助其他塾员　　　　1　2　3　4　5
　　组委（1 分）　组长（2 分）　理事（3 分）　副理事长（4 分）　担任各级分塾理事长（5 分）

（续表）

提高心性　　　　　　　　　　　　　　**全员哲学共有（占 15%）**

请选择合适的数字
1 = 很不符合　2 = 不太符合　3 = 意见中立　4 = 比较符合　5 = 很符合

1. 确立了光明正大的、符合大义名分的、崇高的事业目的　　　　1　2　3　4　5

2. 以稻盛和夫经营学为核心，确立了企业的经营哲学　　　　1　2　3　4　5

3. 明确了企业的愿景、目标，并敢于挑战高目标　　　　1　2　3　4　5

4. 企业整体面貌发生显著变化，员工开朗而积极　　　　1　2　3　4　5

5. 领导者在企业内部不断地向员工讲述哲学　　　　1　2　3　4　5
每年开展宣讲的次数不少于 6 次（1分）7 次（2分）8 次（3分）9 次（4分）10 次及以上（5分）

6. 持续开展各种形式的全员哲学共有学习活动（如晨会、夕会、班组会等）　1　2　3　4　5
全年小于 6 次（1分）全年大于 6 次（2分）每月学习（3分）每周学习（4分）每日学习（5分）

7. 持续带领管理层开展领导力及经营哲学学习活动　　　　1　2　3　4　5
全年小于 6 次（1分）全年大于 6 次（2分）每月学习（3分）每周学习（4分）每日学习（5分）

8. 持续开展各种形式的哲学共有集体分享会　　　　1　2　3　4　5
每年 1 次（1分）每半年 1 次（2分）每季度 1 次（3分）每月 1 次（4分）每周 1 次（5分）

9. 持续开展各种形式的空巴，经营者参与次数　　　　1　2　3　4　5
每年 1 次（1分）每半年 1 次（2分）每季度 1 次（3分）每月 1 次（4分）每周 1 次（5分）

拓展经营　　　　　　　　　　　　　　**员工幸福（占 30%）**

详见员工幸福测评表

（续表）

拓展经营　　　　　　　　　　　　　　　　**创造高收益（占 30%）**

请选择合适的数字
1 = 很不符合　2 = 不太符合　3 = 意见中立　4 = 比较符合　5 = 很符合

1. 会计七原则在企业落地成效显著，经营数据及时准确　　　　1　2　3　4　5

2. 企业开展数字化经营及精细化核算　　　　1　2　3　4　5

3. 销售最大化，费用最小化的经营理念深入人心　　　　1　2　3　4　5

4. 建立以人生方程式为基础的人事考评和人才培育体系　　　　1　2　3　4　5

5. 企业销售收入连续三年持续增长　　　　1　2　3　4　5
   10%以下（1分）　10% ~ 15%（2分）　15% ~ 20%（3分）　20% ~ 25%（4分）　25%以上（5分）

6. 企业利润率连续三年持续增长　　　　1　2　3　4　5
   10%以下（1分）　10% ~ 15%（2分）　15% ~ 20%（3分）　20% ~ 25%（4分）　25%以上（5分）

7. 企业劳动生产率连续三年持续提升　　　　1　2　3　4　5
   10%以下（1分）　10% ~ 15%（2分）　15% ~ 20%（3分）　20% ~ 25%（4分）　25%以上（5分）

8. 企业开展阿米巴经营，且单位时间附加值连续三年持续提升　　　　1　2　3　4　5
   10%以下（1分）　10% ~ 15%（2分）　15% ~ 20%（3分）　20% ~ 25%（4分）　25%以上（5分）

奉献社会　　　　　　　　　　　　　　　　**社会责任与担当（占 10%）**

请选择合适的数字
1 = 很不符合　2 = 不太符合　3 = 意见中立　4 = 比较符合　5 = 很符合

1. 三年内公司未解雇任何员工（自动离职不包括在内）　　　　1　2　3　4　5
   3% ~ 4%（1分）　2% ~ 3%（2分）　1% ~ 2%（3分）　1%内（4分）　从未解雇（5分）

（续表）

2. 公司员工人数连续三年增加　　　　　　　　　　　**1　2　3　4　5**

2%～4%（1分）　4%～6%（2分）　6%～8%（3分）　8%～10%（4分）　10% 及以上（5分）

3. 公司纳税额连续三年增加　　　　　　　　　　　　**1　2　3　4　5**

5%～6%（1分）　6%～7%（2分）　7%～8%（3分）　8%～10%（4分）　10% 以上（5分）

4. 社会公益活动　　　　　　　　　　　　　　　　　**1　2　3　4　5**

为学术研究、文化艺术、环境保护、地区社会活动及其他公益活动提供支持

表 6-4　员工幸福测评表

员工幸福测评

以下陈述在多大程度上符合贵公司的情况？请选择合适的数字
1 = 完全不符合　2 = 很不符合　3 = 不太符合　4 = 意见中立　5 = 比较符合　6 = 很符合　7 = 完全符合

1. 我认同公司的企业文化（使命、愿景、价值观）	**1　2　3　4　5　6　7**
2. 我对公司的未来发展充满希望	**1　2　3　4　5　6　7**
3. 公司愿意为我的成长提供培训和学习机会	**1　2　3　4　5　6　7**
4. 我能在服务客户 / 顾客的过程中感受到喜悦	**1　2　3　4　5　6　7**
5. 我清楚公司的目标以及计划达成目标的具体时间	**1　2　3　4　5　6　7**
6. 我非常清楚我的工作职责并且能够胜任	**1　2　3　4　5　6　7**
7. 我在日常工作中可以得到其他伙伴的指导和帮助	**1　2　3　4　5　6　7**
8. 我愿意为公司的发展和同事的幸福不断挑战高目标	**1　2　3　4　5　6　7**
9. 我对公司目前给予的职位比较满意	**1　2　3　4　5　6　7**

（续表）

10. 我对公司目前给予的薪酬比较满意　　　　　　　　　1 2 3 4 5 6 7

11. 我在公司有机会从事创造性的工作　　　　　　　　　1 2 3 4 5 6 7

12. 我感觉到公司的工作氛围很有爱、很真诚、很和谐　　1 2 3 4 5 6 7

13. 我感觉到公司同事的工作状态很积极、很热情、很向上　1 2 3 4 5 6 7

14. 我非常清楚我在公司的未来职业规划　　　　　　　　1 2 3 4 5 6 7

15. 我满意公司的各种福利待遇（补助、带薪假期、员工活动等）　1 2 3 4 5 6 7

16. 半年内，部门领导和我进行了至少两次价值观 / 幸福观方面的探讨　1 2 3 4 5 6 7

17. 公司有部门负责人在关注我的岗位技能提升　　　　　1 2 3 4 5 6 7

18. 我非常热爱我目前所从事的行业　　　　　　　　　　1 2 3 4 5 6 7

19. 公司采取措施确保我的身体健康　　　　　　　　　　1 2 3 4 5 6 7

20. 公司不仅关心我，还关心我的家人　　　　　　　　　1 2 3 4 5 6 7

21. 公司提供很多人文方面的学习和培训（如人生、家庭、价值观等）　1 2 3 4 5 6 7

22. 职位有空缺时，公司优先考虑从内部晋升有能力的员工　1 2 3 4 5 6 7

23. 部门领导会和员工一起制定个人的工作目标　　　　　1 2 3 4 5 6 7

24. 公司定期组织空巴　　　　　　　　　　　　　　　　1 2 3 4 5 6 7

25. 公司的办公环境让我觉得很舒心　　　　　　　　　　1 2 3 4 5 6 7

26. 在公司，我经常因为工作出色而受到表扬　　　　　　1 2 3 4 5 6 7

27. 我在公司每天都有机会做我最擅长做的事，让自己价值最大化　1 2 3 4 5 6 7

28. 公司部门负责人能够及时帮助我解决工作中遇到的问题　1 2 3 4 5 6 7

29. 我的部门负责人和同事能以坦诚之心与我相处　　　　1 2 3 4 5 6 7

30. 公司致力于产品质量及工作效率方面的提升　　　　　1 2 3 4 5 6 7

31. 总的来说，我对我在公司目前的工作是满意的　　　　1 2 3 4 5 6 7

32. 公司多用正面激励，很少用罚款（包括扣工资奖金）来惩罚员工　1 2 3 4 5 6 7

33. 公司每年会组织员工参加社会公益活动　　　　　　　1 2 3 4 5 6 7

34. 员工的薪酬和员工在践行公司价值观、为人处世方面的表现挂钩　1 2 3 4 5 6 7

35. 公司不轻易解雇员工　　　　　　　　　　　　　　　1 2 3 4 5 6 7

第七章

稻盛和夫经营学

与

经营之力

经营哲学带来的三种力量

经营企业既像在黑暗中驾驶着一艘大船航行在茫茫大海上，又像带领着一支团队，在不断攀登一座又一座无人的山峰，经营企业需要有直面各种艰难困苦的勇气，以及战胜困难的信心和力量。稻盛和夫经营学可以给予我们这种力量。

● 自力

在各地盛和塾，我们经常听到这样的故事。曾经意志消沉、疲惫不堪的塾员，或者是已经打算退居幕后、享受生活的塾员，在学习稻盛和夫经营学后，烦恼越来越少，充满了干劲，甚至有的打消了早早退休的念头，准备向稻盛先生学习，健康工作到80岁。

过去这些塾员之所以会出现意志消沉、萌生退意的现象，大体有三类原因，第一类是经营方法不正确，遭遇困惑而痛苦不堪；第二类是虽然事业小有成就，可发展遭遇瓶颈，企业内部管理混乱；第三类是事业顺风顺水，但在工作中找不到快乐，只想逃避。所有这些现象最后都会引发一个共同的结果——企业经营者内心失去了力量。当企业的一把手自己都身心疲惫、萌生退意，企业就不可能顺利发展。因此，稻盛和夫说，经营者本人所持有的力量是企业经营中最重要的力量，即自力。

从表面上看，上述三类原因导致经营者内心失去力量，但从本质上讲，是因为他们不知道事业成功的规律，不了解推动事业发展真正的因是什么。当经营者每天思考的都是"我要挣钱、我要发展、我要幸福"，就会逐渐迷失自我和企业发展的方向。稻盛和夫以他八十多载的人生经历和经营实践告诉我们，自利只有通过利他才能实现。当我们找到人生的目的和意义，确立了利他的人生观；找到事业的目的和意义，不再只为自己的私利私欲经营事业，而是把实现全体员工的幸福作为大义名分，内心自然会有源源不绝的力量。

内心有了力量，企业经营者还要将力量正确地落实到企业经营中，使其发挥最大力量。稻盛经营哲学就是帮助企业经营者将发心落实到经营中的放大器。他在《经营十二条》一书中写道：

领导者，即经营者本人要有力量，那么拥有能够完整地践行经营十二条的能力，便是经营者实现自力的重要条件……当被问道："你有作为经营者应有的力量吗？能发挥出来吗？"这时，如果你能回答"我能够忠实地遵循并践行经营十二条"，那么姑且可以说你已经具备了作为经营者应有的力量。

——摘自《经营十二条》

● 他力

有人说经营者都是孤独的，是的，面对黑暗中茫茫的大海，面对经营中可能遇到的各种惊涛骇浪，每个经营者都希望有温暖的臂膀可以依靠，有志同道合的伙伴可以一起携手奋勇拼搏，这就是他力。当企业经营者每天思考的不再是仅仅满足私利私欲，而是如何让全体员工的幸福每天增加一点点，不仅自己的内心会充满力量，也会赢得全体员工的爱戴和追随。

作为领导者，稻盛和夫说："为了获取全体员工的信赖和协助，要打造一种能够让员工自发奋进的公司氛围。为此，要赤裸裸地、透明地向员工传达公司的经营状况，并且通过空巴，毫无保留地告知员工自己打算这样经营企业，成功后，自己想为员工做这些事情等。也就是说，要让所有员工觉得'如果是这个社长，我愿意跟着他干，愿意不遗余力地协助他'，这一点是很重要的。"

当企业经营者率先垂范，践行稻盛经营哲学并带领管理层和员工持续地学习稻盛经营哲学，其下属管理者的意识就会变，紧接着员工的意识就会变，进而行动就会变，体现在日常的工作和服务中，就是产品质量和服务品质的不断提升。

稻盛和夫拯救日航，当日航的员工心变了的时候，工作态度和行动也都发生了变化。比如，值机柜台的员工为乘客办理搭乘手续，不再是生硬地按流程执行，而是始终站在乘客的立场，思考"乘客现在真正需要的是什么""当乘客遇到困难时，我们能做什么"，并做出应对。陪伴乘客一起飞行的空乘人员也是如此，时常思考"如果这样做，乘客会更高兴吧"，急人所需，随机应变，提供让乘客满意的服务。原先只是照本宣科进行机内广播的机长，也不再重复千篇一律的内容，而是专为当日搭乘的乘客，用心设计要说的内容，进行广播。

员工原先"只要自己好就行"的利己思维方式，逐步变成了"为客户""为伙伴"的利他思维方式，所以会在各自的岗位上全力以赴地工作，这是凝聚了全体员工所产生的他力。不仅如此，企业经营者和全体员工在每天的工作中思考的都是"如何为客户创造更大的价值以及如何为社会、国家多做一点贡献"，由此获得客户的认可及社会的广泛支持，引发客户支持的"他力"。

在盛和塾，我们经常可以听到塾员说出类似的话："因为被我们的真诚和用心感动了，现在不仅他们成为企业的忠实客户，而且我们成为彼此信任的朋友。"稻盛和夫之所以能成功拯救日航，一个重要的原因就是全体日航员工在意识发生改变后所做的行动感动了乘客，赢得了乘客的心，促使搭乘日航的人数持续上升。因此，稻盛经营哲学所倡导的正确的经营理念和价值观就是企业开展营销活动时最高明的营销方式，它不仅见效快、作用力持久，而且没有副作用。

● 宇宙力

稻盛和夫在《企业统治的要诀》演讲中对经营者说：

如果能够摆脱私心，为对方、为周围的人着想，那么，就像"真善美"这个词所表示的，在人的灵魂深处的美丽心灵就会显现，力量就会自然涌出。而且这种美丽的心性，同宇宙间流淌着的促使一切生物成长发展的潮流合拍，所以，结果也将圆满。

稻盛先生用短短的两年八个月让宣布破产的日航重新上市，社会各界一片赞誉，大家都认为是他的经营哲学和阿米巴经营发挥了威力，创造了奇迹。稻盛和夫却在一次和日本盛和塾塾员的内部交流时说道："临近 80 岁的我，秉持着这样的心灵，不要薪水，不求一切回报，抱着拼了老命的决心，毅然参与了困难重重的日航重建工作。我想，看到我奋不顾身的样子，上天向我伸出了援助之手。换句话说，日航重建不是我做的，而是这个世界的'绝对存在'让我做的，我开始这么想了。如果不是这样，我认为日航如此起死回生是不可能的。这不是人的力量，而只能说是'伟大之物'在发挥力量。是这种'伟大的存在'援助、推动，并让我参与了日航的重建，我觉得可以这么想。"

所谓"宇宙力"是稻盛先生切身体会到的。当一个人心怀善念，以纯粹的利他之心，为社会、为世人不断努力地付出时，就会和宇宙中流淌着的"爱、真诚、和谐"的宇宙意志同频共振，就会吸引和感召各种善缘与助力，从而推动事业与人生的发展和进步。所以稻盛和夫说："只要秉持与宇宙意志相同的思维方式和生活方式，工作就一定会顺畅，人生就一定能幸福。"

稻盛和夫在《思维方式》的后记中写道：

在这个世上，仅仅凭借自力，所能做的事情总是有限的。借到了周边人帮助的他力，所能达到的成就也是有限的。想要真正成就伟大的事业，就必须借到另一种"他力"，即超越人智的、天的力量。但是，要借到这种他力，依靠充满私利私欲的利己之心是不行的，必须依靠"与人为善"的美好的利他之心。

"我啊，我啊"的利己之心，就像有很多破洞的风帆一样，即便有他力之风吹来，布满破洞的风帆也无法借助风力带动船只前进。而与此相反，基于善的"思维方式"的风帆，就能充分地借助强大的他力之风。

我认为，持有善的"思维方式"，就是扬起接受他力之风的风帆，就是将自己的心灵磨炼得更加美好的行为。这里的风帆，表示当事人的"思维方式"带来的心态，只要摒弃利己的欲望，用与人为善的美好心灵扬起人生的风帆，就自然能借助这个世界上吹拂的、伟大而神秘的力量。

读者诸君，请一定持有善的"思维方式"，从而赢得另一种他力之风，让自己一帆风顺，度过自己幸福美好的人生。

经营实学带来的三种力量

● 压力

企业经营者之所以感到孤独，往往是因为他要独自承受来自方方面面的压力，市场拓展、产品创新、企业管理、主管部门监管……有些企业经营已经举步维艰，有的甚至长期亏损。但因为企业经营数据不公开、不透明，员工不了解企业真实的经营状况，反而误解企业经营者只管自己挣钱而故意不给大家涨工资、发奖金，经营者有苦难言，所有压力只能自己扛。

稻盛经营实学的核心思想是用数字经营企业，用科学的标尺来检测和判断经营中出现的各种问题，从而改变不透明、盖浇饭式的管理模式，改变企业里只有老板或业务人员关心经营结果、利润，其他部门、员工不了解也不关心经营数字的做法。正是因为企业里大部分员工不关心利润和成本状况，才会出现每个部门都只追求自己部门的支出和花费最优化和最大化，不断抬高企业运营成本的现象。这样的企业，员工感受不到市场的变化和经营的压力，企业的经营成果不好也就变得理所当然了。

只要企业经营者下定决心在企业中开展玻璃般透明的数字化经营，彻底贯彻"销售最大化，费用最小化"的经营原则，那么，通过经营者率先垂范，带领全体员工围绕收入、成本（费用）和工作效率开展月核算、周核算和日核算，渐渐员工就会了解企业真实的经营状况。而市场的变化、利润的增减、成本（费用）的高低也会和每一位员工的日常行为发生链接。当每一位员工都能够感受到市场的变化和企业经营的压力，过去企业经营者一个人扛的压力就会分散到大家身上，大家一起面对危机和压力，才会产生"上下同欲者胜，同舟共济者赢"的结果。

● 动力

企业经营者常常会指责员工不努力、没有责任心，明明许多工作可以不出错，可以干得更好，偏偏就是问题层出不穷，让人焦头烂额。其实在这样的企业里，员工也抱怨连天，他们往往会说："我为什么要努力？努力了、用心干了，可是工作结果是糊涂账，上司看不清，老板更不知道，努不努力一个样，干好干坏一个样，还不如得过且过。"有的员工更是做一些损公肥私、触犯法律的事，反正是糊涂账，谁也不清楚。

有的企业岗责不清，同时又没有清晰、可量化的考核指标和考核办法，从而导致谁也不愿意担责任，工作能推就推，能不干就不干，因为干好了没有肯定，干多了还要多担责任，反正是吃

"大锅饭"，多一事不如少一事，大多数员工是只要没人监督就混日子，状态松懈，没有干劲、没有动力。

当企业导入稻盛经营实学，开展阿米巴模式的数字化经营，并根据企业的发展战略及目标重新明确组织划分，围绕"销售最大化，费用最小化"开展分部门、分产品、分项目等各种组织形式的独立核算后，员工的状态立刻就会发生天翻地覆的变化。员工通过自己的努力和用心为本部门创造的每一分价值、节约的每一分成本都可以立刻通过核算表反映出来，他们自己也会得到同事和领导的嘉许、感谢，付出的努力也会体现在员工的进步与成长中，员工不仅会在工作中收获成长，更会因此而感受到工作的意义和人生的价值。

当企业建立起这样的经营机制，自然就会极大地调动全体员工的积极性和创造性，就会鼓舞员工的干劲和动力。

● 欢喜力

企业开展阿米巴经营后，年度计划、月度计划以及月度经营分析会是重要的抓手，通过将企业全年总目标在空间上分解到每个阿米巴单元年度目标上，在时间上分解到每个阿米巴单元的月度计划小目标上，这样，实现每月预定目标的达成就成了全体阿米巴成员共同努力的动力源泉。

从某种角度上讲，好的企业经营模式就像打游戏一样，游戏为什么能够吸引不同年龄段的人沉迷其中而乐此不疲呢？就是因为它的设计抓住了人性中对于认可的渴望和成功的期待，不断地打怪升级，胜利通关的过程就是一个持续获得正反馈，从而让自己长久保持激情和热情的过程。阿米巴经营模式最了不起的地方就是把人性中本有的力量通过设定一个个小目标，不知不觉中调动起大家的热情和激情，在不断达成小目标的过程中，人们的内心充满了开心与喜悦，我们把它称为"欢喜力"。

有人说，人生就是要不断地给自己设定目标并达成目标，有了目标就有了努力的方向，目标带来的不只是实现那一刻的喜悦，更重要的是，为目标达成而努力的过程中多了一份专注和投入，这一过程本身就是在实现自我心性的提高和生命境界的升华。

相"反"相成的力量

"道"是中国古代圣人们通过对宇宙、大自然的观察和思考，发现的宇宙万物生成、发展的内在规律。

"一阴一阳之谓道"的"道"，我认为它包含了三层意思，"道"的第一层意思是指道路的"道"，一切现象只有同时把握正反两个方面才是一条行得通的道路。"道"的第二层意思是指规律，暗合道妙，"孤阳不生，孤阴不长"，一切现象都是在阴阳相对、正反两种力量的对立统一中，相互砥力，形成张力，从而推动宇宙万有现象的生成与发展。把握好这两种力量，就把握住了宇宙发展的规律。"道"的第三层意思就是指稻盛先生所感悟的宇宙的意志，即"爱、真诚、和谐"。与"道"相合时，就会与宇宙之力同频共振，就可以获得源源不断的动力。

美国作家斯科特·菲茨杰拉德（Scott Fitzgerald）有这样一句名言："一流智识之人同时拥有两种互相对立的思维方式，却能使其各自正常发挥作用。"纵观人类历史，我们可以发现那些可以被称为伟大的人物，其性格、思想大多是同时兼备两极而又能够完美地统一于一身，他们总是能够从不同的维度准确地把握现象背后相互对立的两个方面，同时又能够完美地把它们统一在"道"中，在他们的世界中，二和一同时存在，这就是所谓的"不二"。

大多数人的思维方式往往只有一个维度，只能看到现象背后的单一方面，或者虽然看到了相对的两面，却又总是割裂地看待它们，看不清它们之间内在的普遍联系性和对立统一性，非左即右。例如，在企业经营中，如何看待销售业绩与产品质量之间的关系，如何看待销售业绩与企业管理之间的关系，如何看待销售业绩与企业文化之间的关系？许多经营者坚信销售为王，认为只要销售业绩良好，一切问题就可以迎刃而解；也有经营者认为，在企业经营过程中，虽然销售业绩、产品质量、企业管理、企业文化等都很重要，但还是要排出个先后顺序。这样的思维方式就是典型的"二"，所以我们才会看到中国的中小企业平均寿命只有 2.5 年，也看到许多明星企业就像稻盛先生所描述的那样，成了建筑在沙滩上的楼阁，"眼见他起高楼，眼见他宴宾客，眼见他楼塌了"。为什么？因为企业既找不到令其基业长青的那个根本的"道"，即那个"一"，也没能看清并把握住事业成功的那个"道"，即一体两面的那个"二"，一个没有"道"，不合"道"的企业怎么能持续成功呢？

● 企业经营的"不二"法门

　　稻盛和夫就是兼备两极性格并能够均衡运用的典范，他既有追求全体员工物心两方面幸福，为世人、社会做贡献的慈悲心肠，又有大善似无情的霹雳手段。慈悲心肠不是当"好好先生"，对不符合正确理念、消极怠工或敷衍塞责的员工，稻盛和夫敢于大声呵斥，甚至要求对方辞职。

　　稻盛和夫既有严谨科学的理性思维，又是一个感性的浪漫主义者。他对陶瓷产品的研究开发一丝不苟，一旦有了小小的成功，就欢呼雀跃，带领大家举杯相庆。稻盛和夫说：

"商战"中，经营者要当个彻头彻尾的理性主义者，在其他时候，则要奉行浪漫主义，了解形而上学的领域，只有两者兼具，不偏不倚，才能成为一流的企业家。

——摘自《京瓷哲学：人生与经营的原点》

　　同时，稻盛和夫又是一个兼备大胆和细心的经营者，他说："大胆与细心看起来互相矛盾，但这两个极端必须同时具备，才能把工作做得完美。"

　　当日本政府决定开放电信业，允许民营企业进入该领域时，虽然自己是电信行业的门外汉，但为了降低日本全体国民的通信费用，稻盛和夫毅然决定参与其中。当时很多人嘲笑他"堂吉诃德挑战风车"，但他认为，人生只有一次，遇到珍贵的机遇绝不可错失，要敢于接受挑战。但同时，为了做好这项事业，在那之后的 6 个月，每天晚上即便喝了酒，在入睡之前，他也一定会扪心自问："你想创立第二电电、参与电信业，动机真的纯粹吗？真的没有掺杂私心吗？"他每天都进行这样的"灵魂拷问"，直到自己百分百地确定自己"丝毫没有夹杂为名为利的私欲"，才真正下定决心开创这项新事业。

不仅稻盛和夫本人同时具有兼备两极的均衡人格，稻盛和夫经营学中也处处充满了这样对立统一的哲学思想：既要具备"崇高的使命感"又要"设立具体的目标"；既要"描绘梦想"又要"脚踏实地，坚持不懈"；既要"追求大家族主义"经营思想又要"彻底贯彻实力主义"；销售最大化与费用最小化；重视经验与贯彻现场主义；小善似大恶与大善似无情；乐观构思、悲观计划与乐观执行；把自己逼入绝境与在相扑台的中央发力；用跑百米的速度跑马拉松；认为不行的时候正是工作的开始；把萧条看作再发展的飞跃台；等等。

稻盛和夫经营学源自经营实践，稻盛哲学与稻盛实学，提高心性与拓展经营，是在对立统一中形成的完整体系，这是它与其他各类管理学的不同之处。稻盛和夫经营学是世界观和方法论的完美统一，是利己与利他在经营中的统一实现。稻盛和夫经营学的核心思想最终统一在"以爱、真诚、和谐之心为社会、为世人做贡献"这一宏大的愿心之中，这才是企业经营的"不二"法门。

当下流行的管理学理论中有一个比较热门的概念——灰度理

论，甚至一些研究者把稻盛和夫的经营思想与灰度理论相提并论。我认为二者之间存在根本性不同。所谓"灰度理论"讲的是妥协，不要求非黑即白而是追求黑白之间的平衡，在妥协的平衡中求发展；而稻盛和夫经营学的原点是"作为人，何谓正确"，现象上可以有灰度，但判断上只有一个基准，没有妥协，非黑即白，小善似大恶、大善似无情，即使当下虽不能至，但也要心向往之。稻盛和夫经营学是以爱为根基，兼备两极，抓住现象背后相互对立的两个方面，在将两极发挥到极致的过程中，两种力量相"反"相成，高位平衡，在对立统一中实现事业的快速、持续发展。

● 人生事业成功的实相

1959 年，稻盛和夫白手起家创立京瓷，将其从一家街道小工厂变成著名企业，并在 1971 年成功上市，在 1975 年超过索尼成为日本证券市场市值第一的企业。60 年来，京瓷从未亏损。

53 岁时，作为电信业的门外汉，为降低日本国民的通信费用，稻盛和夫毅然投入电信业，创立了 KDDI，如今 KDDI 已发展成为日本第二大通信公司，跻身世界 500 强企业。

78 岁时，稻盛和夫在日本政府的再三邀请下，冒着晚节不保的风险，再次出山，出任日航董事长，只用了不到三年的时间就让日航实现了神奇的 V 字形逆转，再次成功上市。

不仅如此，稻盛和夫在经营企业的 60 多年里，还多次挽救濒临破产的中小企业，只要他一接手，企业就会在很短的时间内转危为安，取得高收益。

为什么稻盛和夫所领导的企业总是能够取得如此快速且持续的成功呢？

答案就是，他找到了事业成功的规律。

认识规律，按规律办事，人生就会幸福，事业就会成功。这就是人生、事业成功的实相。

稻盛和夫经营学以人生哲学为基轴，以良知和利他为原点，经营哲学的导入改变了经营者以及全体员工的思维方式，不仅帮助企业找到了正确的方向，而且凝聚了全体员工的心，将自力、他力、宇宙力汇成一股由内而外的巨大推动力。

经营实学的实践，通过重新划分组织单元和导入阿米巴模式，不仅让全体员工有了经营者的意识，而且在持续开展的日核算、周核算和月核算中，企业的盈利能力、管理能力、创新能力等都实现了大幅提升，数字化经营把全体员工的压力、动力和欢喜力汇聚成一股由外而内的巨大的拉动力。推动力与拉动力相"反"相成，就会推动人生、事业快速地改变和成长，无论是经营者还是全体员工就会越干越欢喜，欢喜就会点燃热情，持续的热情就会让大家越干越有力量。

稻盛和夫经营学的核心理论是稻盛和夫所感悟、总结出的人生方程式：人生·工作的结果 = 思维方式 × 热情（努力）× 能力，这就是经营人生、事业成功的规律。构成稻盛和夫经营学的人生哲学、经营哲学和经营实学是在通过人生与事业的不同维度，帮助经营者和企业全体员工改变思维方式、点燃热情和提升能力，最终实现人生幸福与事业成功。学习和实践稻盛和夫经营学的过程就是认识规律、按规律办事的过程，学习和实践稻盛和夫经营学既不神秘也不复杂，只要我们心怀善念，拼命努力，哲学与实学齐头并进，其结果一定会收获成功。

参考文献

[1] 曹岫云 . 稻盛和夫的成功方程式：日航迅速起死回生的秘诀 [M]. 北京：东方出版社，2013.

[2] 稻盛和夫 . 活法 [M]. 曹岫云，译 . 北京：东方出版社，2012.

[3] 稻盛和夫 . 京瓷哲学：人生与经营的原点 [M]. 周征文，译 . 北京：东方出版社，2015.

[4] 稻盛和夫 . 心：稻盛和夫的一生嘱托 [M]. 曹寓刚，曹岫云，译 . 北京：人民邮电出版社，2020.

[5] 稻盛和夫 . 六项精进 [M]. 曹岫云，译 . 北京：人民邮电出版社，2021.

[6] 曹岫云 . 稻盛和夫与中国文化 [M]. 北京：东方出版社，2021.

[7] 稻盛和夫 . 心法：稻盛和夫的哲学 [M]. 曹岫云，译 . 北京：东方出版社，2014.

[8] 稻盛和夫 . 经营为什么需要哲学 [M]. 曹岫云，译 . 北京：人民邮电出版社，2021.

[9] 稻盛和夫 . 经营十二条 [M]. 曹岫云，译 . 北京：人民邮电出版社，2021.

[10] 稻盛和夫 . 稻盛和夫的实学：经营与会计 [M]. 曹岫云，译 . 北京：东方出版社，2013.

[11] 稻盛和夫 . 稻盛和夫经营学 [M]. 曹岫云，译 . 北京：机械工业出版社，2020.

[12] 稻盛和夫 . 干法 [M]. 曹岫云，译 . 北京：机械工业出版社，2019.

[13] 严欢 . 松下幸之助为人之道 [M]. 北京：北京燕山出版社，2007.

[14] 松下幸之助 . 天心：松下幸之助的哲学 [M]. 蒋敬诚，译 . 北京：东方出版社，2021.

[15] 稻盛和夫 . 斗魂：稻盛和夫的成功热情 [M]. 曹岫云，译 . 北京：人民邮电出版社，2021.

[16] 稻盛和夫 . 稻盛和夫如是说 [M]. 曹岫云，张凯，译 . 北京：机械工业出版社，2022.

[17] 稻盛和夫 . 领导者的资质 [M]. 曹岫云，译 . 北京：机械工业出版社，2021.

[18] 稻盛和夫（北京）管理顾问有限公司 . 企业统治的要诀：成都报告会 [M]. 北京：东方出版社，2013.

[19] 大田嘉仁 . 日航的奇迹 [M]. 曹寓刚，译 . 北京：东方出版社，2019.

[20] 稻盛和夫 . 阿米巴经营 [M]. 陈忠，译 . 北京：中国大百科全书出版社，2016.

[21] 稻盛和夫，京瓷通信系统株式会社（KCCS）. 稻盛和夫阿米巴经营实践：全员参与经营，主动创造收益 [M]. 曹寓刚，译 . 北京：中国大百科全书出版社，2021.

[22] 翁清 . 关于建立企业人才评价体系的思考 [J]. 现代企业文化，2020（14）：154-155.

[23] 稻盛和夫 . 思维方式 [M]. 曹寓刚，译 . 北京：东方出版社，2018.

稻盛和夫经营哲学系列

《心：稻盛和夫的一生嘱托》（3种）

[日]稻盛和夫 著 曹寓刚 曹岫云 译
版本：平装版（单色）、精装版（双色）、口袋版（双色）
定价：59.00 元 /79.00 元 /59.00 元

- "日本经营之圣"稻盛和夫的收官之作。
- 稻盛和夫先生将其传奇人生封装在这本书中，
  将最重要的人生成功和幸福的秘诀传于世人，一切始于心，终于心。

《斗魂：稻盛和夫的成功热情》

[日]稻盛和夫 著 曹岫云 译 曹寓刚 校
ISBN：978-7-115-56121-3 定价：59.00 元

- 稻盛和夫成功改造 AVX 的强大思想武器、稻盛
  哲学的体系框架、利他哲学的源头活水。
- 松下幸之助称："年轻人至少应该花时间从头到
  尾读上一遍"。

《百术不如一诚》

曹岫云 著
ISBN：978-7-115-61854-2 定价：59.00 元

- 稻盛和夫（北京）管理顾问有限公司董事长、
  浙江稻盛商道研究院院长曹岫云最新力作。
- 全景式展现稻盛和夫的人生足迹，详细叙述稻
  盛哲学之精髓，系统阐释稻盛思想理念，一本书读懂稻盛和夫。

《学法：稻盛和夫经营学入门指南》

赵君豪 著

ISBN：978-7-115-59887-5 定价：59.00 元

- 稻盛和夫经营学的系统总结，企业经营者学习的实用指南。探寻稻盛和夫人生哲学、经营哲学和经营实学之精要，解读稻盛和夫经营学之真髓。盛和塾官方学习教材。

- 稻盛和夫（北京）管理顾问有限公司董事长曹岫云作序推荐。

《六项精进》

[日] 稻盛和夫 著　曹岫云 译

ISBN：978-7-115-57638-5　定价：69.00 元　（平装版）

ISBN：978-7-115-60855-0　定价：59.00 元　（口袋版）

- 稻盛和夫经营学核心读本，稻盛和夫在经营实践和生活实践中的切身总结。

- 严格修订稻盛和夫的重要演讲内容，新增实践案例，附有稻盛和夫、曹岫云的精彩点评。

- 被世界 500 强企业奉为圭臬的经营哲学书，值得所有人阅读的人生智慧宝库。

《经营十二条》（口袋版）

[日] 稻盛和夫 著　曹岫云 译
ISBN：978-7-115-60857-4　定价：59.00 元

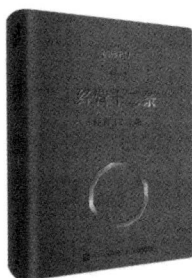

- 稻盛和夫经营学核心读本，揭示稻盛和夫经营企业的原理原则、代表性经营手法。
- 十二条原则搭配全新的企业实践案例，对企业经营者具有很强的参考价值。

《经营为什么需要哲学》（平装版）

[日] 稻盛和夫 著　曹岫云 译
ISBN：978-7-115-57639-2　定价：69.00 元

- 稻盛和夫经营学核心读本，阐述经营智慧及生活方式、人生态度的智慧。
- 讲述稻盛经营哲学的精髓，畅谈企业长青的秘诀，提出经营需要正确的哲学。
- 附有践行稻盛经营哲学的案例和稻盛和夫、曹岫云的精彩点评，方便实践稻盛哲学时参考应用。